# Gramática
y recursos
comunicativos 2
(B1)

GRAMÁTICA
Y COMUNICACIÓN

B1

MARCO DE
REFERENCIA
EUROPEO

español
**Santillana**
**Universidad de Salamanca**

Autor: **Maximiano Cortés y Mercedes Fontecha**

Dirección editorial: **Aurora Martín de Santa Olalla**
Edición: **Susana Gómez y M.ª Antonia Oliva**

Dirección de arte: **José Crespo**

Proyecto gráfico:
      Portada: **Celda y asociados**
      Interiores: **Isabel Beruti**

Jefa de proyecto: **Rosa Marín**
Jefe de desarrollo de proyectos: **Javier Tejeda**
Desarrollo gráfico: **Raul de Andrés y José Luis García**

Dirección técnica: **Ángel García Encinar**

Coordinación técnica: **Fernando Carmona**
Confección y montaje: **Marisa Valbuena**
Corrección: **Gerardo Z. García y Pilar Pérez**

© 2007 by Santillana Educación, S. L.
Torrelaguna, 60. 28043 Madrid
Coediciones con Ediciones de la Universidad de Salamanca
PRINTED IN SPAIN
Impreso en España por Intigraf, S. L.

ISBN: 84-9713-048-0
CP: 892603
Depósito legal: M-37953-2008

# ÍNDICE

# 1. PRONUNCIACIÓN

## 1.1. Los fonemas

### 1.1.1. Las vocales

En español, hay cinco **vocales**: /a/, /e/, /i/, /o/ y /u/. Ejemplos: *mar, es, ir, sol, tu*.

### 1.1.2. Los diptongos, triptongos e hiatos

Un **diptongo** es la unión de dos vocales que se pronuncian en una misma sílaba. El español tiene catorce diptongos –*ia, ie, io, iu, ua, ue, ui, uo, ai, ei, oi, au, eu, ou*–: *I-ta-lia, sie-te, ra-dio, ciu-da-des, gua-pa, pue-do, Luis, an-ti-guo, trai-go, a-cei-te, oi-go, au-la, eu-ro, es-ta-dou-ni-den-se*.

Cuando tres vocales se pronuncian en la misma sílaba, forman un **triptongo**: *cam-biáis*.

Un **hiato** es el grupo de dos vocales que aparecen seguidas, pero se pronuncian en sílabas distintas: *co-rre-o, po-e-ma, a-é-re-o*.

### 1.1.3. Las consonantes

Las **consonantes** españolas se clasifican según el lugar de articulación, el modo de articulación y la vibración (o no) de la cuerdas vocales –si hay vibración la consonante es sonora; si no la hay, sorda–.

| Lugar de articulación | Modo de articulación | Oclusiva | Nasal | Vibrante simple | Vibrante múltiple | Fricativa | Lateral | Africada |
|---|---|---|---|---|---|---|---|---|
| bilabial | sorda | /p/ lápiz | | | | | | |
| bilabial | sonora | /b/ noviembre | /m/ mar | | | | | |
| labiodental | sorda | | | | | /f/ alfabeto | | |
| labiodental | sonora | | | | | | | |
| interdental | sorda | | | | | /θ/ hacer | | |
| interdental | sonora | | | | | | | |
| dental | sorda | /t/ portugués | | | | | | |
| dental | sonora | /d/ ducha | | | | | | |
| alveolar | sorda | | | | | /s/ sal | | |
| alveolar | sonora | | /n/ menú | /ɾ/ nevera | /r/ rojo | | /l/ Julia | |
| palatal | sorda | | | | | | | /tʃ/ chino |
| palatal | sonora | | /ɲ/ español | | | /j/ mayo | /ʎ/ calle | |
| velar | sorda | /k/ Canadá | | | | /x/ viajar | | |
| velar | sonora | /g/ gafas | | | | | | |

En la lengua oral informal, cuando la consonante final de una palabra y la consonante inicial de la siguiente son iguales, se pronuncian como si se tratase de una sola: *Un nuevo coche* → *u-nue-vo-co-che*. En el caso de la *r*, se pronuncia como *rr*: *Ha preguntado por Ramón.* → *ha-pre-gun-ta-do-po-rra-món*.

Hay una serie de consonantes que pueden ir seguidas y que, además, forman parte de la misma sílaba: *pr, pl, br, bl, tr, dr, cr, cl, fr, fl, gr, gl*: *a-bril, in-clu-so, a-gra-da-ble*.

Los grupos consonánticos *ns, bs, rs, ls, ds* pueden formar parte de la misma sílaba o separarse en dos. Lo más habitual es que formen parte de sílabas distintas: *in-se-gu-ro, ab-sor-ber*. Sin embargo, forman parte de la misma sílaba cuando aparecen unidos a otra consonante: *cons-tru-ir, abs-trac-to*.

## 1.2. La sílaba

La **sílaba** está compuesta por un sonido o grupo de sonidos que pronunciamos de una vez. En cada sílaba española hay, por lo menos, una vocal, que es el núcleo, y puede haber, además, sonidos consonánticos delante y detrás del núcleo.

Las palabras que solo tienen una sílaba se llaman **monosílabas**: *yo*. Las que tienen dos sílabas se llaman **bisílabas**: *Cu-ba*. Las que tienen tres, **trisílabas**: *Es-pa-ña*. Y las que tienen más de tres sílabas, **polisílabas**: *Gua-te-ma-la, do-mi-ni-ca-na*. Las palabras bisílabas y trisílabas son las más frecuentes en español.

## 1.3. La acentuación

La **acentuación** consiste en pronunciar con mayor intensidad una sílaba para realzarla sobre las demás sílabas de la palabra. En cada palabra solo una sílaba tiene acento, y se llama **tónica** o **acentuada**. Las demás son sílabas **átonas**.

En español, el acento puede estar en cualquier sílaba:

- Si está en la última sílaba, la palabra es **aguda**: *ha-blar, es-tán*.
- Si está en la penúltima sílaba, la palabra es **llana**: *ca-lle, lá-piz*.
- Si está en la antepenúltima sílaba, la palabra es **esdrújula**: *Bél-gi-ca*.
- Si está antes de la antepenúltima sílaba, la palabra es **sobresdrújula**: *cuén-ta-se-lo*.

## 1.4. El grupo fónico

Un **grupo fónico** es una serie de palabras que se articula sin interrupción. Se caracteriza por su unidad gramatical y de sentido, es decir, se puede entender su significado: *Ayer vino Pedro a comer a casa, // pero se marchó enseguida // porque tenía prisa. //*

A diferencia de otras lenguas, en español se tiende a pronunciar seguidas las palabras que forman parte de un mismo grupo fónico.

## 1.5. La sinalefa

La **sinalefa** consiste en la pronunciación seguida de dos vocales que pertenecen a dos palabras sin interrumpir el grupo fónico, es decir, se articula como si formara una sola sílaba: *Ten-goun-po-co-de-frí-o*. A veces enlaza sílabas de tres palabras: *Par-teaEu-ro-pa*.

## 1.6. La sinéresis

La **sinéresis** consiste en la reducción a una sola sílaba, en una misma palabra, de vocales que normalmente se pronuncian en sílabas distintas: *a-ho-ra* → *aho-ra*.

En la lengua oral informal, cuando hay dos vocales iguales seguidas, se tiende a la simplificación: *zoológico* → *zológico*.

Si las vocales *i, u* van seguidas, forman diptongo y se pronuncian en una sola sílaba: *ruido* → *rui-do*.

Los grupos vocálicos formados por *a, e, o + i, u* o *i, u + a, e, o* se pronuncian en una sola sílaba si la vocal *i, u* es átona: *aire* → *ai-re*; y en dos sílabas si es tónica: *país* → *pa-ís*.

# 1.7. La entonación

En español, la parte más importante de la **entonación** es el final de la frase.

## 1.7.1. La entonación declarativa

Las oraciones enunciativas (afirmativas y negativas) tienen una entonación final descendente:

Trabaja en una multinacional.

En el caso de las enumeraciones sin conjunción (*y, e, ni*, etc.), todos los bloques se pronuncian con un final descendente:

La reunión fue larga, pesada, difícil.

Si llevan conjunción, todos los bloques se pronuncian con un final ascendente, excepto el último:

He invitado a Ana, a Jaime y a Eva.

## 1.7.2. La entonación interrogativa

Si la oración interrogativa no comienza con un pronombre interrogativo, la entonación final es ascendente:

¿Estás cansada?

Sin embargo, si comienza con un pronombre interrogativo, la entonación final suele ser descendente:

¿A qué te dedicas?

## 1.7.3. La entonación suspendida

Este tipo de entonación indica una interrupción y aparece en oraciones que terminan gráficamente con puntos suspensivos.

Si tengo tiempo este fin de semana...

## 1.7.4. La entonación enfática

Este tipo de entonación se corresponde a las oraciones exclamativas. Se pronuncia con una elevación y un descenso bruscos del tono:

¡Estupendo!

# 2. ORTOGRAFÍA

## 2.1. El alfabeto

En español se usa el **alfabeto** o **abecedario** latino. Generalmente, cada letra representa un fonema, pero hay excepciones.

A a. La a: **A**lemania
B b. La be: **B**élgica
C c. La ce: **C**anadá, Sue**c**ia
Ch ch. La che: **Ch**ina
D d. La de: Irlan**d**a
E e. La e: **E**stados Unidos
F f. La efe: **F**rancia
G g. La ge: **G**uatemala, Ní**g**er
H h. La hache: **H**ungría
I i. La i: **I**talia

J j. La jota: **J**apón
K k. La ka: **K**enia
L l. La ele: **L**íbano
Ll ll. La elle: Seyche**ll**es
M m. La eme: **M**arruecos
N n. La ene: **N**epal
Ñ ñ. La eñe: Espa**ñ**a
O o. La o: **O**mán
P p. La pe: **P**olonia
Q q. La cu: Eslova**q**uia

R r. La ere, la erre: Pe**r**ú, **R**umanía
S s. La ese: **S**iria
T t. La te: **T**urquía
U u. La u: **U**ganda
V v. La uve: **V**ietnam
W w. La uve doble: Tai**w**án
X x. La equis: Lu**x**emburgo
Y y. La i griega: **Y**emen, Urugua**y**
Z z. La zeta: Sui**z**a

En Hispanoamérica, algunas letras tienen otros nombres:
- La be: be alta o be larga.
- La uve: ve baja, ve corta o ve chiquita.
- La uve doble: ve doble, doble ve o doble u.

| Letra | Sonido | Ejemplos |
|---|---|---|
| b, v | Se pronuncian igual: /b/. | *bolígrafos, noviembre* |
| c | Se pronuncia /k/ delante de *a, o, u*. | *gramática, comunicación, cultura* |
| | Se pronuncia /θ/ delante de *e, i\**. | *hacer, pronunciación* |
| ch | Se pronuncia /tʃ/. | *chalé, archivo* |
| g | Se pronuncia /g/ delante de *a, o, u* y con las grafías *gu + e, i* (sin pronunciar la *u*) y *gü + e, i* (se pronuncia la *u*). | *gafas, goma, guantes* <br> *guerra, guineano* <br> *antigüedades, lingüística* |
| | Se pronuncia /x/ delante de *e, i*. | *gente, Bélgica* |
| h | No se pronuncia. | *hola, Hungría, ahora* |
| j | Se pronuncia /x/. | *viajar, jerséis, dibujo, jugar* |
| k | Se pronuncia /k/. | *kilo* |
| ll | Se pronuncia /ʎ/\*\*. | *silla, llave, amarillo* |
| q | Se pronuncia /k/. Solo hay dos combinaciones posibles: *que* y *qui* (sin pronunciar la *u*). | *chaqueta, quiero* |

| Letra | Sonido | Ejemplos |
|---|---|---|
| r | Se pronuncia con sonido débil /ɾ/ entre vocales, después de *b, c, d, f, g, c, p* y *t* y al final de sílaba. | *papelera, nombre, profesor* |
| | Se pronuncia como sonido fuerte /r/ en posición inicial de palabra y tras las consonantes *l, n* y *s*. Entre vocales se escribe *rr*. | *relaciona, alrededor, Enrique, Israel, pizarra* |
| w | Se pronuncia como /b/ en las palabras incorporadas al español. | *Kuwait* |
| | Se pronuncia como /u/ o como /gu/ en las palabras de otras lenguas que no se han adaptado al español. | *web* |
| x | Se pronuncia /ks/ o /gs/ entre vocales o al final de sílaba. | *taxi, excursión* |
| | Se pronuncia /s/ en posición inicial de palabra. | *xilófono* |
| | Se pronuncia /x/ en algunas palabras. | *México, Oaxaca, Texas* |
| y | Se pronuncia /j/ en posición inicial de sílaba**. | *yo, mayo* |
| | Se pronuncia /i/ en posición final de sílaba. | *soy, hay* |
| z | Se pronuncia /θ/*. | *pizarra, lápiz, Venezuela* |

* En el sur de España, Canarias e Hispanoamérica la *c* seguida de *e* y de *i*, y la *z* seguida de cualquier vocal se pronuncian como la *s: */s/. Ejemplos: *cerilla* /serilla/, *cimiento* /simiento/, *caza* /casa/.

** En muchas zonas de España e Hispanoamérica, la *ll* y la *y* en posición inicial de sílaba se pronuncian igual: /j/. Ejemplos: *llave* /jabe/, *mayo* /majo/.

## 2.2. Las letras mayúsculas

En español existen dos tipos de letras:
- mayúsculas (A, B, C, D…),
- minúsculas (a, b, c, d…).

En cualquier texto, la mayoría de las palabras se escribe en letra minúscula, pero otras deben comenzar siempre en mayúscula. En algunos casos se escriben palabras o frases enteras en mayúscula por razones de estética o para resaltar el texto: REBAJAS EN TODOS LOS JUGUETES.

Se escribe con **mayúscula** la letra inicial de:
- La primera palabra de un escrito o la que va detrás de punto.
- Después de los signos de interrogación y exclamación, cuando el signo no va seguido de una coma, dos puntos o punto y coma: *¡Hola!* *Me* llamo Carmen.
- Los nombres propios (de personas, lugares, instituciones, fiestas…): *Marta Pérez, Madrid, La Paz, Instituto Cervantes, Navidad.*
- Los títulos de libros, periódicos, revistas, discos, etc.: *El País, Cien años de soledad, Revista de Occidente, Próxima Estación: Esperanza.*
- Algunas abreviaturas: *Sra.*
- Algunos cargos y tratamientos que se les da a ciertas personas: *el Rey, el Papa, el Presidente.*
- Las asignaturas: *Matemáticas.*
- Después de los dos puntos que siguen al saludo en una carta o que anuncian una cita en un texto.

Las letras de las siglas se escriben con mayúsculas: *DNI* (Documento Nacional de Identidad).

De las letras dobles o dígrafos –*ch* y *ll*– solo la primera se pone en mayúscula: *Chile, Llobregat.*

## 2.3. La tilde [´]

El **acento gráfico** o **tilde** es el signo ortográfico que colocamos a veces sobre la sílaba tónica de algunas palabras.

### 2.3.1. Reglas generales de acentuación

- Las palabras **agudas** llevan tilde sobre la sílaba tónica cuando terminan en vocal, -*n* o -*s*: *tabú, perdón, holandés.*

  Sin embargo, cuando la palabra aguda termina en -*s* precedida por otra consonante, no lleva acento gráfico: *robots.*

- Las palabras **llanas** llevan tilde cuando terminan en consonante distinta de -*n* o -*s*: *árbol, azúcar, móvil.*

  Cuando las palabras llanas acaban en -*s* precedida de otra consonante, llevan tilde: *cómics.*

- Las palabras **esdrújulas** y **sobresdrújulas** siempre llevan tilde: *médico, dígaselo.*

Los interrogativos y exclamativos siempre llevan tilde, y las palabras escritas en mayúsculas también se acentúan: *¿Cómo te llamas?, CÁDIZ.*

### 2.3.2. Acentuación de los diptongos, triptongos e hiatos

Las palabras con **diptongo** siguen las reglas generales de acentuación. La tilde, en caso de que deba llevarla, se coloca sobre la vocal abierta del diptongo (*a, e, o*): *amáis, hacéis, canción.* Si la combinación la forman las vocales *i, u*, la tilde va sobre la segunda vocal: *cuídalo.*

Los **triptongos** siguen las reglas generales de acentuación. Cuando llevan tilde, esta siempre va sobre la vocal abierta (*a, e, o*): *averiguáis, limpiáis.*

Las palabras con **hiato** siguen las reglas generales de acentuación. Los **hiatos** formados por una vocal abierta átona (*a, e, o*) y una vocal cerrada tónica (*i, u*) siempre llevan tilde: *país, baúl, sabía, tahúr, maíz.*

### 2.3.3. La tilde diacrítica

Algunas palabras llevan tilde, llamada tilde diacrítica, para distinguirlas de otras que tienen la misma forma:

| | | | |
|---|---|---|---|
| **el** | artículo:<br>*Le gusta el cine español.* | **él** | pronombre personal:<br>*Me encantaría poder hablar con él.* |
| **tu** | posesivo:<br>*Le doy a Pablo tu teléfono.* | **tú** | pronombre personal:<br>*Me parece mal que pagues tú la cena.* |
| **de** | preposición:<br>*Soy de Brasil.* | **dé** | forma de imperativo del verbo *dar*:<br>*Dé la luz, por favor.* |
| **mi** | posesivo:<br>*El chico moreno es mi profesor.* | **mí** | pronombre personal:<br>*¿Este regalo es para mí?* |
| **te** | pronombre personal:<br>*Te llamo para pedirte un favor.* | **té** | infusión o planta:<br>*¿Te apetece un té?* |
| **si** | conjunción condicional:<br>*Si los vecinos protestan, pondremos música lenta.* | **sí** | adverbio de afirmación: *Sí, vale, de acuerdo.*<br>pronombre personal: *Hablaba mucho de sí mismo.* |
| **se** | pronombre personal:<br>*Se lo dije.* | **sé** | forma de presente de indicativo del verbo *saber*. *No sé.*<br>forma de imperativo del verbo *ser*: *Sé bueno.* |
| **que** | conjunción:<br>*El sillón que me compré es muy cómodo.* | **qué** | interrogativo o exclamativo:<br>*¿A qué te dedicas?* |

## 2.3.4. Acentuación de formas verbales con pronombres enclíticos

Cuando se añade un pronombre a un infinitivo, un gerundio o un imperativo, formando con él una sola palabra, se siguen las reglas generales de acentuación: *decírselo, estudiarlo, pidiéndoselas, cuéntamelo, hacedlos*.

## 2.3.5. Acentuación de los adverbios en -*mente*

Los adverbios acabados en -*mente* son una excepción a las reglas generales de acentuación. Se escriben con tilde cuando el adjetivo del que derivan también la lleva: *fácilmente, rápidamente*; pero: *claramente, totalmente*.

## 2.3.6. Acentuación de las palabras compuestas

Las palabras compuestas que constituyen una sola palabra siguen las reglas generales de acentuación: *portalámparas, baloncesto*. En cambio, si los componentes se separan por un guión, se acentúan de forma independiente: *teórico-práctico, hispano-alemán*.

# 2.4. La diéresis [¨]

La **diéresis** son dos puntos que se ponen sobre la *u*. En las sílabas *güe* y *güi* la *u* se pronuncia, porque lleva diéresis: *antigüedades, pingüino, bilingüe*.

# 2.5. Los signos de puntuación

## 2.5.1. El punto [.]

El **punto** se emplea para señalar el final de una oración. Detrás siempre se escribe mayúscula.

- Si se usa para separar una oración de la siguiente, se llama **punto (y) seguido**.
- Si se usa para separar un párrafo del siguiente, se llama **punto (y) aparte**.
- Si se usa para señalar el final de un texto, se llama **punto final**.

El punto también se emplea detrás de casi todas las abreviaturas: *etc.* (etcétera), *p.* (página), *Sr.* (señor).

## 2.5.2. La coma [,]

La **coma** se emplea:

- Para separar los elementos de una enumeración: *Otros ritmos latinos muy conocidos son el bolero, la cumbia, la conga, el mambo o el vallenato.*
- Delante de las conjunciones *y, ni, o* cuando lo que se añade expresa un contenido distinto de lo enumerado anteriormente: *He comprado un jersey, una camisa, unos pantalones, y se los he regalado a mi hermano.*
- Para separar el nombre de la persona a la que nos dirigimos: *Elena, ¿qué hora es?*
- Para hacer una pausa explicativa dentro de una oración: *Jaime, el marido de mi hermana, es de Lanzarote.*
- Antes de oraciones adversativas, consecutivas, causales y explicativas: *Es ingeniero, pero ahora trabaja como agente comercial en una empresa de Osaka.*
- Después de los conectores *es decir, además, o sea, en fin*, etc., y después de adverbios como *efectivamente, finalmente*, etc.: *He quedado con Felipe dentro de tres días, es decir, el jueves próximo.*

## 2.5.3. Los dos puntos [:]

Los **dos puntos** se emplean:

- Para introducir una enumeración que ha sido anunciada: *En México existen tres especies de cocodrilos: el cocodrilo de río, el de pantano y el caimán.*
- Después del saludo con el que comienzan las cartas: *Estimada señora Nadal:*
- Para introducir ejemplos: *Me gusta mucho la comida española: la tortilla de patatas, las tapas…*

## 2.5.4. El punto y coma [;]

El **punto y coma** se usa:
- En oraciones que ya contienen comas: *Madrid es la capital de España; París, la de Francia; y Londres, la del Reino Unido.*
- En oraciones muy largas, delante de conectores como *pero, sin embargo, por tanto,* etc.: *El famoso artista dio ayer un concierto al que asistieron multitud de personas; sin embargo, no se vendieron todas las entradas.*

## 2.5.5. Los puntos suspensivos [...]

Los **puntos suspensivos** son siempre tres y se emplean:
- Para indicar que una enumeración está incompleta: *Hemos estado en Madrid, Toledo, Sevilla, Granada...*
- Para indicar que hacemos una pausa con la que expresamos duda, sorpresa, miedo, etc.: *No sé... No estoy seguro.*

## 2.5.6. Los paréntesis [( )]

Los **paréntesis** se emplean para señalar aclaraciones, explicaciones, interrupciones en el sentido del discurso, precisiones, datos, etc.: *Los centros y aulas del Instituto Cervantes están situados en cuatro continentes (África, América, Asia y Europa).*

## 2.5.7. El guión [-]

El **guión** tiene los siguientes usos:
- Indicar separación de sílabas de una palabra (a final de línea, por ejemplo).
- En algunos apellidos compuestos: *María Pérez-Andújar.*
- En lugar de una preposición o conjunción: *Quería un billete Madrid-Barcelona, por favor.*

## 2.5.8. Los signos de interrogación [¿ ?]

En español, se pone el **signo de** abrir **interrogación** (¿) al principio de una pregunta y el signo de cerrar interrogación (?) al final de dicha pregunta. No es suficiente con poner solo el del final, como en muchas otras lenguas: *¿Cómo te llamas?, ¿A qué te dedicas?*

## 2.5.9. Los signos de exclamación [¡ !]

En español, se pone el **signo de** abrir **exclamación** (¡) al principio de una oración exclamativa y el signo de cerrar exclamación (!) al final de dicha oración. No es suficiente con poner solo el del final, como en muchas otras lenguas: *¡Hola!*

## 2.5.10. La raya [–]

La raya se emplea:
- Para introducir explicaciones en el texto, igual que el paréntesis: *La Paz –capital de Bolivia– es la capital más alta del mundo.*
- Para introducir las intervenciones de los personajes en los diálogos y los comentarios del narrador: *–¿Cuánto tiempo llevas viviendo en esta ciudad? –preguntó Marcos a su compañero.*

# 3. GRAMÁTICA

## 3.1. Los sustantivos

### 3.1.1. Definición

Los **sustantivos** son un tipo de palabras que sirven para nombrar a las personas, los animales, las cosas, las ideas y los sentimientos.

Los sustantivos **comunes** son los que sirven para nombrar a cualquier persona, animal, cosa, idea o sentimiento: *estudiante, casa, alimentación, amor...*

Los sustantivos **propios** son los que sirven para decir cómo se llama una persona, un país, una ciudad, etc. La primera letra de estos sustantivos se escribe con mayúscula y no suelen llevar artículo: *Elena, Brasil, Barcelona...*

Aunque algunos nombres de ciudades llevan artículo: *La Paz, El Cairo...* Y algunos nombres de países pueden llevarlo: *la India, la China, la Argentina...*

Los nombres de ríos, mares, océanos y lagos, por norma general, llevan artículo: *el (mar) Caribe, el (río) Orinoco, el (lago) Titicaca, el (océano) Atlántico...*

### 3.1.2. El género y el número

En español, un mismo sustantivo puede tener hasta cuatro terminaciones diferentes: *-o, -a, -os, -as: niño, niña, niños, niñas*. Estas variaciones indican el **género** y el **número** del sustantivo.

El género y el número del sustantivo condicionan el género y el número de las palabras que lo acompañan: *casas* (sustantivo femenino plural) → *las* (artículo femenino plural) *casas blancas* (adjetivo femenino plural).

#### 3.1.2.1. El género

Según el **género**, los sustantivos pueden ser masculinos o femeninos. Los nombres de personas y de animales de sexo masculino tienen género masculino: *niño, gato...*; los nombres de personas y de animales de sexo femenino tienen género femenino: *chica, paloma...*; todos los demás nombres (de cosas, lugares, conceptos, etc.), aunque no tienen sexo, también tienen uno de los dos géneros: *libro* (masculino), *libreta* (femenino).

Suelen ser **masculinos** los sustantivos acabados en:

- **-o**: *el alumno, el libro, el corcho.*
- **-aje**: *el paisaje, el mensaje, el equipaje.*
- **-or**: *el ascensor, el ordenador, el director.*
- **-ema**: *el problema, el tema, el teorema.*

> Excepciones: *la foto, la moto, la radio, la mano..., la flor, la labor...*

Suelen ser **femeninos** los sustantivos acabados en:

- **-a**: *la alumna, la mochila, la goma.*
- **-ción, -sión** y **-zón**: *la canción, la televisión, la razón.*
- **-dad** y **-tad**: *la ciudad, la unidad, la amistad.*
- **-triz**: *la actriz, la cicatriz, la matriz.*
- **-ez**: *la fluidez, la madurez, la niñez.*
- **-tud**: *la actitud, la longitud, la virtud.*
- **-umbre**: *la costumbre, la muchedumbre.*

> Excepciones: *el corazón, el buzón..., el (color) naranja, el (color) rosa..., el día...*

Los sustantivos que se refieren a **personas** o **animales** tienen generalmente una forma masculina y otra femenina: *el alumno/la alumna, el profesor/la profesora, el actor/la actriz, el rey/la reina, el león/la leona*. Con algunos animales: *elefante, hormiga, mosca, cocodrilo, serpiente...*, para especificar el género utilizamos las palabras *macho* y *hembra*: *el cocodrilo macho, el elefante hembra*.

Hay sustantivos que mantienen la misma terminación para el masculino y para el femenino. Algunos llevan siempre el artículo masculino: *el bebé* (niño o niña), *el lince macho, el lince hembra*; y otros llevan siempre el artículo femenino: *la víctima* (varón o mujer), *la jirafa macho, la jirafa hembra*.

En algunos sustantivos de persona, el sexo no se expresa mediante la terminación, sino mediante el género de las palabras que los acompañan (artículos y adjetivos): *un estudiante estupendo/una estudiante magnífica, el paciente nuevo/la paciente nueva, un taxista rápido/una taxista experta*.

En otros casos, el sexo se expresa con una palabra diferente: *la mujer/el hombre, el padre/la madre, el yerno/la nuera*.

### 3.1.2.2. El número

El **número** es una categoría gramatical relacionada con la cantidad. En español hay dos números gramaticales: singular y plural. El **singular** se emplea, en general, para referirse a un solo ser, objeto o concepto: *niño, mesa, idea*. El **plural** se emplea para referirse a más de un ser, objeto o concepto: *dos niños, muchas mesas, estas ideas*.

En cada sustantivo, la palabra base es el singular. Para formar el **plural**, generalmente, se añade *-s* o *-es* al final del sustantivo singular:

- Se añade *-s* a los sustantivos acabados en vocal: *un niño* → *cinco niños, el bolígrafo* → *los bolígrafos*.
- Se añade *-s* o *-es* a los sustantivos acabados en *-í* o en *-ú*: *un tabú* → *unos tabús/tabúes*.
- Por regla general, se añade *-es* a los sustantivos acabados en consonante: *mi profesor* → *mis profesores, el camión* → *los camiones, el país* → *los países*.
- Los sustantivos que en singular terminan en *-z*, cambian la *-z* por *-c* y añaden *-es* para formar el plural: *un lápiz* → *tres lápices, el pez* → *los peces, esta actriz* → *estas actrices*.
- Por regla general, se añade *-s* a los sustantivos acabados en consonantes distintas de *-l, -r, -n, -d, -j, -s, -x, -ch*: *este cómic* → *estos cómics, el entrecot* → *los entrecots*.

Las palabras llanas o esdrújulas que acaban en *-s* o en *-x* son especiales; no siguen estas reglas generales, sino que mantienen en plural la misma forma del singular: *un sacapuntas* → *dos sacapuntas, el lunes* → *los lunes, el cumpleaños* → *los cumpleaños*.

Algunas palabras siempre van en plural: *los pantalones, las gafas, las tijeras*.

Algunas palabras, como *familia* y *gente*, van en singular, pero se refieren a varios elementos. Cuando estas palabras son el sujeto de una oración, el verbo va en singular: *La gente fue a la excursión*.

Los cuantificadores del tipo *la mayoría de, la mayor parte de* pueden concordar en singular o en plural con el verbo: *La mayoría de/la mayor parte de los cocodrilos vive/viven en América*. Sin embargo, cuando el verbo de la oración es *ser* o *estar* la concordancia suele ser en plural: *La mayoría de/la mayor parte de los cocodrilos y reptiles son especies amenazadas*.

## 3.2. Los artículos

### 3.2.1. Definición

En español, existen dos tipos de artículos: los **indefinidos** y los **definidos**. Los artículos no tienen significado propio, pero tienen una función gramatical: anunciar o presentar a un sustantivo. Por regla general, un artículo acompaña a un sustantivo, con el que concuerda en género y número: ***un*** *árbol* (masculino singular), ***unos*** *árboles* (masculino plural), ***la*** *playa* (femenino singular), ***las*** *playas* (femenino plural).

## 3.2.2. El artículo indefinido

### 3.2.2.1. Formas

|  | Masculino | Femenino |
|---|---|---|
| **Singular** | un | una |
| **Plural** | unos | unas |

### 3.2.2.2. Usos

El **artículo indefinido** se utiliza para referirse a elementos nuevos, es decir, elementos que no son conocidos para el oyente porque no han aparecido antes en la conversación, porque no son únicos o no especificamos a cuál nos referimos: *Hoy viene **un** profesor nuevo* (no lo conoces), *¿Sabes si hay **una** farmacia por aquí?* (probablemente hay más de una), *Juan necesita **unos** libros* (no se especifica cuáles).

Se utiliza también en plural para indicar una cantidad aproximada: *En mi escuela hay **unos** cincuenta estudiantes de español.*

En español, no se usa el artículo indefinido al hablar de ocupaciones: *Yohei Hiromoto es ingeniero.* Sin embargo, sí se usa cuando el sustantivo va acompañado de un adjetivo calificativo: *Yohei Hiromoto es **un** ingeniero buenísimo.*

## 3.2.3. El artículo definido

### 3.2.3.1. Formas

|  | Masculino | Femenino |
|---|---|---|
| **Singular** | el | la |
| **Plural** | los | las |

Los sustantivos femeninos que empiezan por *a-* o *ha-* tónicas (acentuadas) toman el artículo *el* en singular: *el aula, el águila, el hacha, el hada.* Sin embargo, en plural, se usa la forma femenina: *las aulas, las águilas, las hachas, las hadas.*

### 3.2.3.2. Usos

El **artículo definido** se utiliza para referirse a elementos conocidos para el oyente porque han aparecido antes en la conversación, porque están a la vista o porque no hay otros elementos iguales, es decir, son únicos: *Ayer me compré **el** pantalón* (el que habíamos visto), *¿Me dejas **el** libro?* (el que está ahí delante), *El ordenador está encima de la mesa del estudio* (es el único).

Así, decimos *Déjame **un** jersey* (uno cualquiera), frente a: *Déjame **el** jersey* (ese que tienes ahí); *Hoy vienen **los** padres de Luis a cenar* (son únicos), frente a: *Hoy vienen **unos** amigos de Luis a cenar* (hay otros).

En muchos casos en los que en otras lenguas se usa un adjetivo posesivo, en español se emplea un artículo definido: *Me duele **el** estómago.*

### 3.2.3.3. Formas contractas

- **Al** (*a* + *el*). Cuando la preposición *a* se encuentra con el artículo *el*, se unen en una sola palabra, *al*: *¿Vamos al cine?*, y no: *¿Vamos a el cine?*
- **Del** (*de* + *el*). Cuando la preposición *de* se encuentra con el artículo *el*, se unen en una sola palabra, *del*: *Vengo del trabajo*, y no: *Vengo de el trabajo.*

## 3.3. Los adjetivos calificativos

### 3.3.1. Definición

Los **adjetivos calificativos** son palabras que sirven para expresar cualidades o estados del sustantivo al que se refieren, es decir, dan información sobre cómo es ese sustantivo: *un libro **nuevo**.* En español, el adjetivo calificativo va normalmente después del sustantivo: *¿Te gusta la música **clásica**?*

### 3.3.2. El género y el número

En español, un mismo adjetivo puede tener hasta cuatro terminaciones diferentes: *bueno, buena, buenos, buenas*. Estas variaciones indican el género y el número del adjetivo calificativo.

El adjetivo calificativo concuerda con el sustantivo en género y número, es decir, toma el mismo género y el mismo número que tiene el sustantivo: *el niño rubio* (masculino singular), *la mujer morena* (femenino singular), *las actrices famosas* (femenino plural).

| NÚMERO | Singular | | Plural | |
|---|---|---|---|---|
| **GÉNERO** | **Masculino** | **Femenino** | **Masculino** | **Femenino** |
| **Terminaciones más comunes** | -o | -a | -os | -as |
| **Ejemplos** | *bonito* <br> *guapo* | *bonita* <br> *guapa* | *bonitos* <br> *guapos* | *bonitas* <br> *guapas* |

Hay adjetivos que acaban en vocal y que tienen la misma terminación en masculino y femenino.

| NÚMERO | Singular | Plural |
|---|---|---|
| **GÉNERO** | **Masculino y femenino** | **Masculino y femenino** |
| **Terminaciones** | -ista, -e, -a, -í, -ú | -istas, -es, -as, -ís, -ús |
| **Ejemplos** | *egoísta, verde, belga,* <br> *marroquí, hindú* | *egoístas, verdes, belgas,* <br> *marroquís\*, hindús\** |

\* En los adjetivos y sustantivos acabados en *-í* o *-ú* podemos añadir *-s* o *-es* para formar el plural: *marroquí → marroquís/marroquíes, hindú → hindús/hindúes.*

Algunos adjetivos terminados en consonante tienen formas distintas para el masculino y para el femenino; otros mantienen la misma terminación para el masculino y para el femenino, y forman el plural añadiendo *-es*.

| NÚMERO | | Singular | | Plural | |
|---|---|---|---|---|---|
| **GÉNERO** | | **Masculino** | **Femenino** | **Masculino** | **Femenino** |
| **Cuatro formas** | **Ejemplos** | *alemán* <br> *español* <br> *inglés* <br> *hablador* | *alemana* <br> *española* <br> *inglesa* <br> *habladora* | *alemanes* <br> *españoles* <br> *ingleses* <br> *habladores* | *alemanas* <br> *españolas* <br> *inglesas* <br> *habladoras* |
| **Dos formas** | **Ejemplos** | *fácil* <br> *gris* <br> *especial* <br> *feliz* | | *fáciles* <br> *grises* <br> *especiales* <br> *felices* | |

### 3.3.3. Apócope del adjetivo

Algunos adjetivos se apocopan, es decir, pierden una o más letras cuando aparecen delante del sustantivo.

|  | + sustantivo masculino | + sustantivo femenino |
|---|---|---|
| Bueno<br>Malo | Un **buen** amigo<br>Un **mal** compañero | Una **buena** amiga<br>Una **mala** compañera |
| Grande | Un **gran** chico<br>Una **gran** chica | |

### 3.3.4. Los grados del adjetivo

Para matizar la intensidad de un adjetivo calificativo, puede anteponerse algún adverbio o locución adverbial: *Yo creo que los españoles son **muy** trabajadores*, *A mí me parece que son **un poco** vagos*.

#### 3.3.4.1. El grado comparativo

Los adjetivos calificativos pueden expresar la intensidad con que alguien o algo posee una cualidad en comparación con otras personas u objetos. Según el tipo de comparación, se emplea una fórmula gramatical determinada.

| TIPO DE COMPARACIÓN | FÓRMULA GRAMATICAL | EJEMPLOS |
|---|---|---|
| Inferioridad | *menos* + adjetivo (+ *que*) | *Rafael es menos hablador que su hermano Andrés.* |
| Igualdad | *tan* + adjetivo (+ *como*)<br>*igual de* + adjetivo (+ *que*) | *Juan es tan alto como tú.*<br>*Sigue siendo igual de bromista.* |
| Superioridad | *más* + adjetivo (+ *que*) | *Miguel está más gordito que Adolfo.* |

Algunos adjetivos presentan una **forma especial** para expresar el grado comparativo:

| ADJETIVO | GRADO COMPARATIVO | EJEMPLOS |
|---|---|---|
| bueno | **mejor** | *Las ciudades grandes tienen mejores servicios que los pueblos.* |
| malo | **peor** | *Los pueblos están peor comunicados que las ciudades.* |
| grande | **mayor** | *Rafael es mayor que Andrés.* |
| pequeño | **menor** | *En este barrio la contaminación acústica es menor que en el resto de la ciudad.* |

#### 3.3.4.2. El grado superlativo

Expresa la mayor intensidad de una cualidad o de un estado: *muy guapo, guapísimo*. El grado superlativo se expresa añadiendo el sufijo *-ísimo* al adjetivo o anteponiendo al mismo el adverbio *muy*.

Hay dos clases de superlativo:

- El **superlativo absoluto**: sirve para indicar el grado más alto de una escala: *muy guapo = guap**ísimo/a/os/as***; *muy triste = trist**ísimo/a/os/as***; *mucho = much**ísimo/a/os/as***.

  Fíjate: *muy simpati**co** = simpati**quí**simo*; *muy ri**co** = ri**quí**simo*; *muy mayor = mayor**c**ísimo*; *muy ama**ble** = ama**bil**ísimo*.

- El **superlativo relativo**: sirve para comparar la cualidad de alguien o de algo con la de un grupo mediante la construcción *el/la/los/las* + *más/menos* + adjetivo (+ *de*): *Es la más lista de todos.*

## 3.4. Los demostrativos

### 3.4.1. Definición

Los **demostrativos** son adjetivos y pronombres que sirven para señalar a los seres y objetos, y expresar a qué distancia aproximada se encuentran.

### 3.4.2. Formas

| | SINGULAR | | PLURAL | |
|---|---|---|---|---|
| | **Masculino** | **Femenino** | **Masculino** | **Femenino** |
| **Cerca del hablante** | este | esta | estos | estas |
| **Cerca del oyente** | ese | esa | esos | esas |
| **Lejos del hablante y del oyente** | aquel | aquella | aquellos | aquellas |

Cuando un demostrativo acompaña a un sustantivo es un **adjetivo**. El adjetivo demostrativo concuerda con el sustantivo en género y número: *este niño*, *esos perros*, *aquella mujer*.

Cuando un demostrativo aparece solo (sin sustantivo) es un **pronombre**. El pronombre demostrativo toma el género y el número del sustantivo al que se refiere: *Aquella es mi madre*. Además de los demostrativos de la tabla anterior, existen otros tres que solo pueden ser pronombres –*esto*, *eso* y *aquello*– y se usan para referirse a cosas: *¿Cómo se llama esto?*, *¿Qué es eso?*

## 3.5. Los posesivos

### 3.5.1. Definición

Los **posesivos** son adjetivos y pronombres que expresan que un ser o un objeto pertenece a alguien o está relacionado con esa persona (poseedor): *mis zapatos*, *tu padre*, *nuestra ciudad*.

### 3.5.2. El adjetivo posesivo

| | | UN SER U OBJETO POSEÍDO | | VARIOS SERES U OBJETOS POSEÍDOS | |
|---|---|---|---|---|---|
| | | **Masculino** | **Femenino** | **Masculino** | **Femenino** |
| **UN POSEEDOR** | (yo) | mi | | mis | |
| | (tú) | tu | | tus | |
| | (él, ella, usted) | su | | sus | |
| **VARIOS POSEEDORES** | (nosotros/as) | nuestro | nuestra | nuestros | nuestras |
| | (vosotros/as) | vuestro | vuestra | vuestros | vuestras |
| | (ellos/as, ustedes) | su | | sus | |

El adjetivo posesivo se pone antes del sustantivo y concuerda con él en número: *mi casa*, *sus hermanas*. En la 1.ª y en la 2.ª personas del plural concuerda también en género: *nuestra profesora*, *vuestros hijos*. En cualquier caso, la concordancia no es con el poseedor, sino con el ser u objeto relacionado con el poseedor: *vosotros* (poseedor, masculino plural) + *casa* (objeto poseído, femenino singular) → *vuestra casa*.

## 3.5.3. El pronombre posesivo

| | | UN SER U OBJETO POSEÍDO | | VARIOS SERES U OBJETOS POSEÍDOS | |
|---|---|---|---|---|---|
| | | Masculino | Femenino | Masculino | Femenino |
| **UN POSEEDOR** | (yo) | mío | mía | míos | mías |
| | (tú) | tuyo | tuya | tuyos | tuyas |
| | (él, ella, usted) | suyo | suya | suyos | suyas |
| **VARIOS POSEEDORES** | (nosotros/as) | nuestro | nuestra | nuestros | nuestras |
| | (vosotros/as) | vuestro | vuestra | vuestros | vuestras |
| | (ellos/as, ustedes) | suyo | suya | suyos | suyas |

El pronombre posesivo se emplea –solo o precedido del artículo– cuando el sustantivo ya se conoce, porque está a la vista, o bien porque se ha mencionado antes: *Este bolígrafo es **mío**, el **tuyo** está en la mesa*. También se puede emplear después de un sustantivo: *Este es un primo **nuestro***.

El pronombre posesivo siempre toma el género y el número del ser u objeto poseído o relacionado con el poseedor (no el género y el número del poseedor): *Mis zapatos son negros y los de María son azules* → *Mis zapatos son negros y los **suyos** son azules* (los zapatos).

# 3.6. Los numerales

## 3.6.1. Definición

Los **numerales** son palabras que indican una cantidad o un orden precisos. Los numerales pueden ser de dos tipos: cardinales y ordinales.

## 3.6.2. Los numerales cardinales

Los **cardinales** son palabras que expresan cantidades exactas: ***doce** alumnos*, ***tres** bolígrafos*.
La serie de los numerales cardinales es infinita. La siguiente lista incluye algunos de ellos:

| | | | | | | | |
|---|---|---|---|---|---|---|---|
| 0 | cero | 16 | dieciséis | 31 | treinta y uno/una/un | 700 | setecientos/as |
| 1 | uno/una/un | 17 | diecisiete | 32 | treinta y dos | 800 | ochocientos/as |
| 2 | dos | 18 | dieciocho | 40 | cuarenta | 900 | novecientos/as |
| 3 | tres | 19 | diecinueve | 50 | cincuenta | 1000 | mil |
| 4 | cuatro | 20 | veinte | 60 | sesenta | 2000 | dos mil |
| 5 | cinco | 21 | veintiuno/ | 70 | setenta | 10 000 | diez mil |
| 6 | seis | | veintiuna/veintiún | 80 | ochenta | 20 000 | veinte mil |
| 7 | siete | 22 | veintidós | 90 | noventa | 100 000 | cien mil |
| 8 | ocho | 23 | veintitrés | 100 | cien | 200 000 | doscientos/as mil |
| 9 | nueve | 24 | veinticuatro | 101 | ciento uno/una/un | 1 000 000 | un millón |
| 10 | diez | 25 | veinticinco | 102 | ciento dos | 2 000 000 | dos millones |
| 11 | once | 26 | veintiséis | 200 | doscientos/as | 3 413 567 | tres millones |
| 12 | doce | 27 | veintisiete | 300 | trescientos/as | | cuatrocientos/as trece mil |
| 13 | trece | 28 | veintiocho | 400 | cuatrocientos/as | | quinientos/as sesenta y siete |
| 14 | catorce | 29 | veintinueve | 500 | quinientos/as | | |
| 15 | quince | 30 | treinta | 600 | seiscientos/as | | |

Hasta el 100, se escriben con una sola palabra los números del 0 al 30, así como 40, 50, 60, 70, 80, 90 y 100. Todos los demás números del 31 al 100 tienen tres palabras: decenas (*treinta, cuarenta, cincuenta…*) + **y** + unidades (*uno, dos, tres…*): *cuarenta **y** cinco, setenta **y** nueve*.

Los numerales **uno** y **ciento** tienen formas apocopadas (cortas): **un** y **cien**. Se usa:

- **Un** antes de un sustantivo masculino singular: **un** *libro*.
- **Uno** en lugar de un sustantivo masculino singular: *Tú tienes tres euros, pero a mí solo me queda* **uno**.
- **Cien** delante de un sustantivo: **cien** *monedas*, **cien** *alumnos*.
- **Ciento** delante de otro número: **ciento** *uno*, **ciento** *veinte*, **ciento** *treinta y dos*.

A partir de 200, las centenas (*trescientos, cuatrocientos, quinientos…*) toman el género del sustantivo al que se refieren: *Este libro tiene quinient**as** veinte páginas, ese solo tiene trescient**as** diez*.

No se pone la conjunción **y** entre las centenas y las decenas: *trescientos ~~y~~ cuarenta y cinco*.

La coma se usa para separar los números enteros de los decimales: *159,90 = ciento cincuenta y nueve con noventa*.

### 3.6.3. Los numerales ordinales

Los **ordinales** son palabras que expresan el lugar que ocupan los seres o los objetos dentro de un grupo ordenado: **primera** *puerta*, **segundo** *hijo*, **cuarto** *piso*.

Estos son los ordinales más frecuentes:

| | | | |
|---|---|---|---|
| **1.º** | primero/primera/primer | **9.º** | noveno/a |
| **2.º** | segundo/a | **10.º** | décimo/a |
| **3.º** | tercero/tercera/tercer | **11.º** | undécimo/a o décimo primero/a |
| **4.º** | cuarto/a | **12.º** | duodécimo/a o décimo segundo/a |
| **5.º** | quinto/a | **13.º** | décimo tercero/a |
| **6.º** | sexto/a | **14.º** | décimo cuarto/a |
| **7.º** | séptimo/a | **15.º** | décimo quinto/a |
| **8.º** | octavo/a | **16.º** | décimo sexto/a |

Se usan **primer** y **tercer** delante de un sustantivo masculino singular: **primer** *piso*, **tercer** *año*.

Los ordinales toman el género del sustantivo al que se refieren: *A primer**a** hora tengo clase de español*.

A partir del numeral ordinal *décimo* lo más habitual es utilizar el numeral cardinal correspondiente: *Vivo en el piso once*.

## 3.7. Los indefinidos

Los **indefinidos** son palabras (pronombres y adjetivos) que se usan para indicar existencia o cantidad de forma poco precisa, o bien para indicar ausencia: *En la mesa hay **muchos** libros, pero no hay **ninguna** libreta*. También se usan para referirse a seres u objetos indeterminados: *¿Quieres tomar **algo**?*

Algunos indefinidos solo tienen una forma invariable: *Yo no he visto **nada***. Otros tienen dos formas y concuerdan en número con el sustantivo al que se refieren: *Este jabón hace **bastante** espuma*. Otros tienen cuatro formas y concuerdan en género y número con el sustantivo al que se refieren: *Allí hace **demasiado** frío, Llevamos **demasiadas** maletas*.

Estos son los indefinidos más frecuentes:

| SINGULAR | | PLURAL | |
|---|---|---|---|
| **Masculino** | **Femenino** | **Masculino** | **Femenino** |
| alguno, algún | alguna | algunos | algunas |
| ninguno, ningún | ninguna | – | – |
| otro | otra | otros | otras |
| poco | poca | pocos | pocas |
| mucho | mucha | muchos | muchas |
| todo | toda | todos | todas |
| demasiado | demasiada | demasiados | demasiadas |
| bastante | | bastantes | |
| suficiente | | suficientes | |
| alguien | | | |
| algo | | | |
| nadie | | | |
| nada | | | |

Se usa **algún** y **ningún** delante de un sustantivo masculino singular: *¿Habéis leído **algún** poema de Octavio Paz?*
Cuando los indefinidos **ninguno**, **ningún**, **ninguna**, **nada** y **nadie** van después del verbo, hay que poner **no** antes del verbo: *No hemos leído ninguno.*

# 3.8. Los pronombres personales

## 3.8.1. Definición

Los **pronombres personales** son palabras que sirven para nombrar a personas, animales o cosas, sin usar siempre los sustantivos para evitar repeticiones.

Si los pronombres nombran a la(s) persona(s) que habla(n), son de primera persona: *yo, nosotras…*; si nombran a la(s) persona(s) a la(s) que se habla, son de segunda persona: *tú, ustedes…*; y si nombran a la(s) persona(s) o cosa(s) de la(s) que se habla, son de tercera persona: *ella, ellos…*

## 3.8.2. Los pronombres sujeto

Los **pronombres sujeto** son los que concuerdan con el verbo en número y persona.

| | SINGULAR | | PLURAL | |
|---|---|---|---|---|
| | **Masculino** | **Femenino** | **Masculino** | **Femenino** |
| **1.ª persona** | yo | | nosotros | nosotras |
| **2.ª persona** | tú, usted | | vosotros, ustedes | vosotras, ustedes |
| **3.ª persona** | él | ella | ellos | ellas |

En español, las terminaciones del verbo generalmente bastan para indicar de qué persona gramatical se trata: *Perdona* (2.ª persona singular), *pero no me acuerdo* (1.ª persona singular) *de cómo te llamas* (2.ª persona singular). Por eso, normalmente no es necesario usar el pronombre personal sujeto en la oración.

Sin embargo, sí se utiliza cuando puede haber ambigüedad en la interpretación de a qué persona se refiere el verbo o cuando hay una idea de contraste o énfasis: *No, no, Carlos es **él**, **yo** soy Alberto*, **Yo** *tomaré una sopa, y **él**, una ensalada.*

En español, los pronombres personales **usted** (singular) y **ustedes** (plural) se utilizan para expresar respeto o distanciamiento, principalmente en situaciones formales, p. ej., cuando uno habla con personas mayores o con sus superiores en el trabajo. Con **usted** se usa la forma verbal de tercera persona de singular, y con **ustedes**, la forma verbal de tercera persona de plural: *¿**Podría usted** informarme sobre viajes a Buenos Aires?, ¿**Pueden ustedes** indicarme dónde está la secretaría?*

> En algunas zonas del sur de España y en Canarias, en singular se emplean el pronombre **tú** como forma de confianza y el pronombre **usted** como forma de respeto, y en plural, siempre el pronombre **ustedes**, sin distinguir entre relaciones de confianza y de respeto.

> En gran parte de Hispanoamérica (con la excepción de México y Perú), se utilizan como únicas formas de segunda persona (sin distinguir entre relaciones de confianza y de respeto) **usted** en singular y **ustedes** en plural.

> En Argentina, Uruguay, Paraguay y América Central, se emplea **vos** en lugar de **tú**. Este uso va acompañado de cambios en las formas verbales: *vos sos* (*tú eres*), *vos querés* (*tú quieres*).

### 3.8.3. Los pronombres personales átonos

Los **pronombres personales átonos** son aquellos que nunca aparecen solos.

| | SINGULAR | | PLURAL | |
|---|---|---|---|---|
| | **Masculino** | **Femenino** | **Masculino** | **Femenino** |
| 1.ª persona | me | | nos | |
| 2.ª persona | te | | os | |
| 3.ª persona | lo | la | los | las |
| | le, se | | les, se | |

Los pronombres personales átonos pueden ir antes o después del verbo al que acompañan:

- Con las formas de indicativo van antes del verbo, como palabras independientes: *Te he llamado*, *Se lo dije*, *Me lo llevo.*
- Con las formas de imperativo afirmativo van después del verbo, unidos con él en una sola palabra: *Dale una fotocopia*, *Dímelo.*
- En las perífrasis verbales pueden ir antes del verbo conjugado, como palabras independientes, o después del infinitivo o gerundio, unidos con él en una sola palabra: *La tengo que llamar = Tengo que llamarla, Lo estoy oyendo = Estoy oyéndolo.*

Cuando los pronombres de objeto indirecto (*le, les*) se combinan con los pronombres de objeto directo (*lo, la, los, las*), aquellos se convierten en *se*: Le lo dije → *Se lo dije.*

Cuando utilizamos dos pronombres átonos, primero va el de objeto indirecto (*me, te, le, se, nos, os*) y a continuación el de objeto directo (*lo, la, los, las*): *Te **lo** he dicho esta mañana, Dá**selo***.

Los pronombres *me, te, nos* y *os* pueden realizar tanto la función de objeto directo como la de objeto indirecto: *Llámame* (OD), *Me lo ha dicho* (OI).

Los pronombres *lo, la, los* y *las* realizan la función de objeto directo: *Lo vi ayer por la calle*.

> En algunas zonas de España se utiliza el pronombre *le* en lugar de *lo* cuando el objeto directo se refiere a una persona masculina: *Le llamé ayer* (a Juan), pero *La llamé ayer* (a Eva).

El pronombre de objeto directo se utiliza cuando ya se ha presentado en una oración anterior: *Le dejé **mi ordenador** a Pablo porque **lo** necesitaba*; y cuando aparece en la misma oración delante del verbo: *El ordenador lo necesito yo el miércoles*.

El pronombre de objeto indirecto se utiliza cuando ya ha aparecido o va a aparecer: *Le dejé mi ordenador **a Pablo**, **A Pablo** le dejé mi ordenador*.

Cuando el objeto directo o indirecto es la construcción *a* + pronombre tónico es obligatorio que aparezca el pronombre átono: *Le dejé mi ordenador **a él** (no a ella) el miércoles*.

El pronombre *lo* también puede ser neutro y referirse al tema o a la cosa mencionada o de la que se está hablando: *¿Sabes dónde hay una farmacia? No, no lo sé*.

El pronombre *se* se usa también para generalizar en estructuras como *se* + verbo en 3.ª persona de singular o plural: *El español **se habla** en muchos países, En Navidad **se cantan** villancicos*.

Cuando se quiere distinguir o destacar la persona a la que se refiere el pronombre, se usa además una estructura preposicional: *A mí me gusta mucho jugar al fútbol*.

### 3.8.4. Los pronombres tónicos complementos preposicionales

Son los que se utilizan después de una preposición (*a, de, con…*): *¿Puedo ir **contigo** al cine?*

|  | SINGULAR | | PLURAL | |
|---|---|---|---|---|
|  | **Masculino** | **Femenino** | **Masculino** | **Femenino** |
| **1.ª persona** | mí, conmigo | | nosotros | nosotras |
| **2.ª persona** | ti, contigo | | vosotros | vosotras |
|  | usted | | ustedes | |
| **3.ª persona** | él | ella | ellos | ellas |

## 3.9. Los interrogativos

### 3.9.1. Definición

Los **interrogativos** son palabras (pronombres y adverbios) que sirven para introducir preguntas: *¿Con **quién** vas a clase de inglés?*

### 3.9.2. Cómo

Se utiliza para:
* Preguntar el nombre y/o el apellido: *¿**Cómo** te llamas?*
* Saludar y preguntar por el estado de ánimo o la salud: *¿**Cómo** estás?*
* Preguntar el modo de hacer algo: *¿**Cómo** vas a venir: andando o en autobús?*
* Pedir una descripción: *¿**Cómo** es tu país?, ¿**Cómo** es tu casa?*

### 3.9.3. Cuál, cuáles

Se utilizan para preguntar por uno o varios elementos de un grupo de personas, animales, cosas, conceptos... de la misma clase: *¿**Cuál** me recomiendas, el azul o el verde?*, *¿**Cuáles** prefieres, los platos rojos o los azules?*, *¿**Cuáles de** estos me recomiendas?*
Siempre van seguidos de un verbo, no de un sustantivo: *¿**Cuál** es tu comida favorita?*

### 3.9.4. Cuándo

Se utiliza para preguntar por el tiempo: *¿**Cuándo** empezaste a estudiar español?*
Puede ir acompañado de algunas preposiciones: *¿Desde **cuándo** estudias español?*, *¿Hasta **cuándo** te quedas en España?*

### 3.9.5. Cuánto, cuánta, cuántos, cuántas

Se utilizan para preguntar por una cantidad. Concuerdan en género y número con el sustantivo al que se refieren: *¿**Cuántos días** quiere usted viajar?*, *¿**Cuántas veces** comes al día?*
El interrogativo *cuánto* se utiliza también seguido de un verbo: *¿Me puede decir **cuánto** cuesta el alquiler?*

### 3.9.6. Dónde

Se utiliza para preguntar por un lugar: *¿**Dónde** naciste?* Puede ir acompañado de algunas preposiciones: *¿**Adónde** queréis ir este fin de semana?*, *¿**De dónde** eres?*

### 3.9.7. Para qué

Se utiliza para:
- Preguntar por la utilidad: *¿**Para qué** sirve esto?*
- Preguntar por la finalidad: *¿**Para qué** aprendes español?*

### 3.9.8. Por qué

Se utiliza para:
- Preguntar la causa: *¿**Por qué** estudias francés?*
- Hacer una propuesta o proponer una alternativa: *¿**Por qué no** vamos a la playa mañana?*

### 3.9.9. Qué

Se utiliza para preguntar por la identidad de las personas, animales, cosas, conceptos... de una misma clase: *¿**Qué** profesores tienes?*, *¿**Qué** animales has visto en el zoo?*, *¿**Qué** lenguas hablas?*
También se emplea para preguntar por cosas abstractas: *¿**Qué** significa corcho?*, *¿**Qué** has hecho últimamente?*
Puede ir acompañado de algunas preposiciones: *¿**A qué** hora quedamos?*, *¿**En qué** año nació Gabriela Mistral?*

### 3.9.10. Quién, quiénes

Se utilizan para preguntar por una o varias personas: *¿**Quién** escribió El señor Presidente?*, *¿**Quiénes** son estos?*
Puede ir acompañado de algunas preposiciones: *¿**De quién** es esto?*

## 3.10. Los exclamativos

### 3.10.1. Qué

Se utiliza para valorar alguna característica de algo o de alguien: *¡**Qué** bonito es!*, *¡**Qué** bien hablas!*

# 3.11. Los adverbios

## 3.11.1. Definición

Los **adverbios** son palabras invariables (no tienen género, número, persona…) que indican circunstancias de lugar, tiempo, modo, cantidad, afirmación, negación o duda. Los adverbios complementan el significado:

- del verbo: *Me gusta **mucho** el té.*
- del adjetivo: *Estoy **bastante** cansado.*
- de otro adverbio: *Este autobús va **muy** deprisa.*

## 3.11.2. Clases

Las principales clases de adverbios son: de lugar, de tiempo, de modo, de cantidad, de afirmación y de negación.

| PRINCIPALES ADVERBIOS | |
|---|---|
| De lugar | *aquí, ahí, allí, cerca, lejos, arriba, abajo, delante, detrás, encima, debajo, dentro, fuera, enfrente…*<br><br>***Aquí** hay mucho sitio.*<br>*El dormitorio está en el piso de **arriba**.* |
| De tiempo | *antes, ahora, luego, después, ayer, hoy, mañana, entonces, pronto, tarde, nunca, siempre, todavía, ya…*<br><br>***Antes** era más delgado que **ahora**.*<br>*Yo **nunca** me acuesto **tarde**.* |
| De modo | *bien, mal, así, deprisa, despacio, tranquilamente…*<br><br>*Tú dibujas muy **bien**.*<br>*¿Puedes hablar más **despacio**, por favor?* |
| De cantidad | *muy, mucho, suficiente, bastante, poco, demasiado, más, menos, casi, apenas…*<br><br>*Me duelen **mucho** las piernas.*<br>*El teatro está **demasiado** lejos para ir andando.* |
| De afirmación | *sí, también…*<br><br>*¿Has encontrado el libro? **Sí**, estaba en un cajón.*<br>*A mí me gustan (mucho) los pantalones naranjas. A mí **también**.* |
| De negación | *no, tampoco…*<br><br>*A mí me ha gustado mucho la película. A mí, **no**.*<br>*A mí **no** me gustan nada los zapatos marrones. A mí **tampoco**.* |

## 3.12. Las preposiciones

Las **preposiciones** son palabras invariables cuya función es introducir elementos y relacionarlos con otras palabras a las que complementan. En muchos casos, el uso de una u otra preposición no depende tanto del significado de la preposición sino más bien de cuestiones gramaticales difíciles de sistematizar: *Vanesa se va a casar con Luis, porque está enamorada de él.*

Estas son las preposiciones más frecuentes y algunos de sus usos:

| | USO/REFERENCIA | EJEMPLOS |
|---|---|---|
| **a** | antes de un OI u OD de persona | *Díselo a Elena.*<br>*He llamado a Jaime.* |
| | destino | *¿Por qué no vamos al teatro mañana?* |
| | hora | *La biblioteca abre a las nueve.* |
| | límite en el tiempo | *Los grandes almacenes abren de diez a diez.* |
| **con** | compañía | *Viajo con mi mujer y mi hijo.* |
| | instrumento | *¿Puedo pagar con tarjeta de crédito?* |
| **contra** | oposición | *Aquí estamos jugando contra nuestro eterno rival.* |
| **de** | tiempo de inicio | *El desayuno es de ocho a diez de la mañana.* |
| | materia | *Es de cristal.* |
| | posesión | *Me lo compré en la galería de una amiga.* |
| | contenido | *Podemos comprar un bote de aceitunas.* |
| | descripción | *Quería una camisa de manga corta.* |
| | origen | *Le he dicho que soy de Brasil.* |
| **desde** | tiempo de inicio | *Desde la lesión no he podido volver a hacer deporte.* |
| | lugar de inicio | *Este agradable recorrido asciende por la cordillera Apaneca desde Sonsonate hasta Apaneca.* |
| **durante** | duración | *Se me cayó durante la mudanza.* |
| **en** | medio de transporte | *El segundo día se hace un pequeño viaje en tren.* |
| | ubicación | *El Coro Universitario dará un concierto en la catedral.* |
| **entre** | ubicación con referencia a dos puntos | *La panadería está entre el quiosco y la papelería.* |
| **hacia** | dirección | *Esta carretera va hacia el Norte.* |
| **hasta** | límite en el tiempo o en el espacio | *Estuvimos charlando hasta las 4 de la madrugada.* |
| **para** | destinatario | *Hacían una carrera de bicis para chicos de 7 a 12 años.* |
| | finalidad | *Le voy a recetar estas pastillas para la fiebre.* |
| | utilidad | *Se usa para verse y peinarse.* |
| **por** | causa | *Es por tu culpa.* |
| **sin** | ausencia | *Puede pagar en tres meses sin intereses.* |
| **sobre** | ubicación con referencia a un punto | *Aquel del fondo que está sobre el escritorio.* |

# 3.13. Los verbos

## 3.13.1. Definición

Los **verbos** son palabras que sirven para expresar acciones y situarlas en el tiempo (presente, pasado o futuro).

## 3.13.2. Formación

Las formas verbales en español se componen de dos partes: la **raíz**, que contiene el significado del verbo: *habl-*, *aprend-*, *viv-*, y la **desinencia** o terminación, que contiene la información gramatical (la persona, el tiempo y el modo del que hablamos): *-o, -es, -emos*.

## 3.13.3. Conjugación

En español, cada verbo tiene muchas formas distintas, según la persona (1.ª, 2.ª o 3.ª), el número (singular o plural), el tiempo (pasado, presente, futuro), etc. Todo ese conjunto de formas de un verbo se llama conjugación. La **conjugación** es, pues, el resultado de combinar la raíz de un verbo con todas las desinencias que puede llevar. Las **formas verbales** de la conjugación pueden ser **simples**, que son las que solo tienen una palabra (*hablé*), o **compuestas**, las que tienen dos palabras (*he hablado*).

## 3.13.4. Las tres conjugaciones

Los verbos en español pueden ser de tres conjugaciones:

- **primera conjugación**, formada por todos los verbos cuyo infinitivo termina en **-ar** (*hablar, estudiar...*),
- **segunda conjugación**, formada por todos los verbos cuyo infinitivo termina en **-er** (*aprender, comer...*), y
- **tercera conjugación**, formada por todos los verbos cuyo infinitivo termina en **-ir** (*vivir, subir...*).

## 3.13.5. Tipos de verbos

Los **verbos regulares** se conjugan sustituyendo la terminación del infinitivo (*-ar, -er, -ir*) por las desinencias de tiempo, persona y número correspondientes: *hablar, aprender, vivir*.

Los **verbos irregulares** sufren cambios en las desinencias y/o en la raíz cuando se conjugan: *estar, ser, ir*.

Los **verbos defectivos** solo se conjugan en algunas formas, por ejemplo, los que se refieren a fenómenos atmosféricos: *llueve, nieva*, etc., que solo tienen 3.ª persona de singular.

Los **verbos reflexivos** y **pronominales** se conjugan con un pronombre personal átono: *me levanto, se sienta*.

## 3.13.6. Formas verbales no personales

Existen tres formas verbales llamadas no personales, porque no se conjugan. Son:

- el **infinitivo**: *hablar*,
- el **gerundio**: *hablando*, y
- el **participio**: *hablado*.

### 3.13.6.1. El infinitivo

| TERMINACIÓN DEL INFINITIVO | EJEMPLOS |
|---|---|
| 1.ª conjugación: **-ar** | *cantar, hablar, bailar* |
| 2.ª conjugación: **-er** | *comer, aprender, tener* |
| 3.ª conjugación: **-ir** | *salir, vivir, escribir* |

### 3.13.6.2. El gerundio

| INFINITIVO | TERMINACIÓN DEL GERUNDIO | EJEMPLOS |
|:---:|:---:|:---:|
| -ar | -ando | *cantando* |
| -er | -iendo | *comiendo* |
| -ir | | *viviendo* |

Hay algunos verbos que son irregulares en el gerundio. Estos son algunos ejemplos:

- verbos en -*ir* con una *e* en la última sílaba de la raíz: *pedir* (*pidiendo*), *decir* (*diciendo*), etc.
- verbos en -*ir* con una *o* en la última sílaba de la raíz: *morir* (*muriendo*), *dormir* (*durmiendo*), etc.
- verbos con una vocal antes de la terminación -*er*, -*ir*: *leer* (*leyendo*), *oír* (*oyendo*), etc.

### 3.13.6.3. El participio

| INFINITIVO | TERMINACIÓN DEL PARTICIPIO | EJEMPLOS |
|:---:|:---:|:---:|
| -ar | -ado | *cantado* |
| -er | -ido | *comido* |
| -ir | | *vivido* |

Hay algunos verbos que son irregulares en el participio: abrir: **abierto**; cubrir: **cubierto**; decir: **dicho**; escribir: **escrito**; hacer: **hecho**; poner: **puesto**; resolver: **resuelto**; romper: **roto**; ver: **visto**; volver: **vuelto**.

El **participio** se usa:

- Precedido del verbo auxiliar *haber*, para formar los tiempos compuestos, como el pretérito perfecto: **He abierto** *el libro de gramática*, **He abierto** *la puerta para salir.*
- Como un adjetivo. En este caso el participio concuerda en género y número con el sustantivo al que se refiere: *El libro está* **abierto**, *La puerta está* **abierta**.

## 3.13.7. Formas verbales personales

Son las formas que resultan de conjugar los verbos en distintos tiempos (presente, pretérito perfecto, pretérito indefinido, etc.) y modos (indicativo, subjuntivo e imperativo).

### 3.13.7.1. El presente de indicativo
### 3.13.7.1.1. Verbos regulares

| | -ar | -er | -ir |
|:---|:---:|:---:|:---:|
| (yo) | hablo | aprendo | vivo |
| (tú) | hablas | aprendes | vives |
| (él, ella, usted) | habla | aprende | vive |
| (nosotros/as) | hablamos | aprendemos | vivimos |
| (vosotros/as) | habláis | aprendéis | vivís |
| (ellos/as, ustedes) | hablan | aprenden | viven |

Los verbos reflexivos y pronominales, p. ej., *llamarse*, *levantarse*, *aburrirse*…, siguen la conjugación regular. El pronombre se pone antes del verbo y no se pueden separar: **Me llamo** *Sofía.*

## 3.13.7.1.2. Verbos irregulares

Verbos que tienen irregularidades vocálicas:

| | e → ie | o → ue | e → i ° |
|---|---|---|---|
| (yo) | quiero | puedo | pido |
| (tú) | quieres | puedes | pides |
| (él, ella, usted) | quiere | puede | pide |
| (nosotros/as) | queremos | podemos | pedimos |
| (vosotros/as) | queréis | podéis | pedís |
| (ellos/as, ustedes) | quieren | pueden | piden |

Hay verbos que solo tienen la primera persona singular (*yo*) irregular. Los más frecuentes son: hacer: **hago**; salir: **salgo**; poner: **pongo**; traer: **traigo**; caer: **caigo**; saber: **sé**; ver: **veo**; dar: **doy**; caber: **quepo**; conducir*: **conduzco**.

\* Los verbos terminados en *-ecer*, *-ocer* y *-ucir* hacen la primera persona del singular en *-zco*: parecer (pare**zco**), conocer (cono**zco**), traducir (tradu**zco**), etc.

También hay verbos que tienen, además de la primera persona singular (*yo*) irregular, otra irregularidad. Los más frecuentes son:

| | DECIR | TENER | VENIR | OÍR | ESTAR |
|---|---|---|---|---|---|
| (yo) | digo | tengo | vengo | oigo | estoy |
| (tú) | dices | tienes | vienes | oyes | estás |
| (él, ella, usted) | dice | tiene | viene | oye | está |
| (nosotros/as) | decimos | tenemos | venimos | oímos | estamos |
| (vosotros/as) | decís | tenéis | venís | oís | estáis |
| (ellos/as, ustedes) | dicen | tienen | vienen | oyen | están |

Finalmente, los verbos *ser* e *ir* son totalmente irregulares.

| | IR | SER |
|---|---|---|
| (yo) | voy | soy |
| (tú) | vas | eres |
| (él, ella, usted) | va | es |
| (nosotros/as) | vamos | somos |
| (vosotros/as) | vais | sois |
| (ellos/as, ustedes) | van | son |

El presente de indicativo **se usa**, fundamentalmente, **para**:
- Hablar del presente: ***Estudio*** español.
- Pedir o dar información sobre el futuro, cuando consideramos que algo es seguro o muy seguro: *Esta tarde **termino** el trabajo, Mañana **voy** a un concierto con mis amigos.*

### 3.13.7.2. El pretérito perfecto de indicativo

El pretérito perfecto se forma con el verbo auxiliar **haber** conjugado más el **participio** del verbo que se conjuga. Entre el auxiliar y el participio no se puede poner ninguna palabra.

| | HABLAR | APRENDER | VIVIR |
|---|---|---|---|
| (yo) | he hablado | he aprendido | he vivido |
| (tú) | has hablado | has aprendido | has vivido |
| (él, ella, usted) | ha hablado | ha aprendido | ha vivido |
| (nosotros/as) | hemos hablado | hemos aprendido | hemos vivido |
| (vosotros/as) | habéis hablado | habéis aprendido | habéis vivido |
| (ellos/as, ustedes) | han hablado | han aprendido | han vivido |

El pretérito perfecto **se utiliza para**:

- Hablar de experiencias pasadas que el hablante relaciona con el presente. Selecciona expresiones temporales como *hoy, esta mañana, este año, esta primavera, estas vacaciones, últimamente…*: *Este verano **he estado** en España de vacaciones.*
- Hablar de experiencias sin indicar cuándo han ocurrido, porque el hablante no lo considera relevante. Se suelen usar expresiones como *ya, todavía no, nunca, alguna vez…*: *¿**Has comido** alguna vez paella?*

El pretérito perfecto no se utiliza en determinadas zonas del norte de España y de Hispanoamérica. En su lugar se emplea el pretérito indefinido: *Este fin de semana **estuve** en casa de mis padres* por *Este fin de semana **he estado** en casa de mis padres*; *Vi a Pedro este fin de semana* por ***He visto** a Pedro este fin de semana.*

### 3.13.7.3. El pretérito indefinido
### 3.13.7.3.1. Verbos regulares

| | HABLAR | APRENDER | VIVIR |
|---|---|---|---|
| (yo) | hablé | aprendí | viví |
| (tú) | hablaste | aprendiste | viviste |
| (él, ella, usted) | habló | aprendió | vivió |
| (nosotros/as) | hablamos | aprendimos | vivimos |
| (vosotros/as) | hablasteis | aprendisteis | vivisteis |
| (ellos/as, ustedes) | hablaron | aprendieron | vivieron |

Algunas formas del pretérito indefinido coinciden con las formas del presente de indicativo (*hablamos, vivimos*). Otras veces el acento es lo único que las distingue (*hablo/habló*).

### 3.13.7.3.2. Verbos irregulares

Estos son algunos de los verbos irregulares más frecuentes en el pretérito indefinido:

Andar: **anduv-**
Decir: **dij-**
Estar: **estuv-**
Hacer: **hic-/hiz-**
Poder: **pud-**
Poner: **pus-**
Querer: **quis-**
Saber: **sup-**
Tener: **tuv-**
Traer: **traj-**
Venir: **vin-**

+

-e
-iste
-o
-imos
-isteis
-eron/-ieron

Los verbos *ser* e *ir* son totalmente irregulares. Tienen la misma forma en este tiempo:

|  | SER/IR |
|---|---|
| (yo) | fui |
| (tú) | fuiste |
| (él, ella, usted) | fue |
| (nosotros/as) | fuimos |
| (vosotros/as) | fuisteis |
| (ellos/as, ustedes) | fueron |

El pretérito indefinido **se utiliza para**:

- Referirnos a hechos, acontecimientos y acciones puntuales que consideramos concluidas en el pasado: *El pueblo maya **construyó** el centro ceremonial de Tikal en la selva tropical de Yucatán.* Normalmente, le acompañan expresiones como: *ayer, anteayer, la semana pasada, el mes pasado, el año pasado, tres años después, en + año, el + fecha…: Ayer **fui** al cumpleaños de María, En 2004 nos **fuimos** a vivir a Roma.*
- Referirnos a una acción que interrumpe a otra en el pasado. *Estaba paseando cuando, de pronto, **vi** a Juan.*

### 3.13.7.4. El pretérito imperfecto de indicativo

### 3.13.7.4.1. Verbos regulares

|  | HABLAR | APRENDER | VIVIR |
|---|---|---|---|
| (yo) | hablaba | aprendía | vivía |
| (tú) | hablabas | aprendías | vivías |
| (él, ella, usted) | hablaba | aprendía | vivía |
| (nosotros/as) | hablábamos | aprendíamos | vivíamos |
| (vosotros/as) | hablabais | aprendíais | vivíais |
| (ellos/as, ustedes) | hablaban | aprendían | vivían |

## 3.13.7.4.2. Verbos irregulares

Solo hay tres verbos irregulares en este tiempo.

|  | IR | SER | VER |
|---|---|---|---|
| (yo) | iba | era | veía |
| (tú) | ibas | eras | veías |
| (él, ella, usted) | iba | era | veía |
| (nosotros/as) | íbamos | éramos | veíamos |
| (vosotros/as) | ibais | erais | veíais |
| (ellos/as, ustedes) | iban | eran | veían |

El pretérito imperfecto **se utiliza para**:

- Hablar de acciones habituales en el pasado: *Los mayas **jugaban** al juego de la pelota.*
- Comparar el pasado con el presente: *Antes **jugaba** mucho al tenis, pero ahora ya no.*
- Describir personas, lugares o cosas del pasado: *Los mayas **vivían** en Centroamérica.*
- Describir las circunstancias en las que se produjo un hecho: ***Estaba** jugando al baloncesto y me caí.*
- Pedir algo de forma cortés: ***Quería** información sobre el apartamento en alquiler.*
- Referirnos a acciones que íbamos a realizar, pero que por alguna circunstancia no pudimos llevar a cabo: ***Iba** a salir cuando, de repente, sonó el teléfono.*

## 3.13.7.5. El pretérito pluscuamperfecto de indicativo

El pretérito pluscuamperfecto se forma con el pretérito imperfecto de ***haber*** más el **participio** del verbo que se conjuga. Entre el auxiliar y el participio no se puede poner ninguna palabra.

|  | HABLAR | APRENDER | VIVIR |
|---|---|---|---|
| (yo) | había hablado | había aprendido | había vivido |
| (tú) | habías hablado | habías aprendido | habías vivido |
| (él, ella, usted) | había hablado | había aprendido | había vivido |
| (nosotros/as) | habíamos hablado | habíamos aprendido | habíamos vivido |
| (vosotros/as) | habíais hablado | habíais aprendido | habíais vivido |
| (ellos/as, ustedes) | habían hablado | habían aprendido | habían vivido |

El pretérito pluscuamperfecto **se utiliza para** hablar de una acción pasada y acabada en el pasado, anterior a otra acción también pasada: *Cuando Ana llegó a la estación, el tren ya **había salido*** = El tren salió y Ana llegó más tarde a la estación.

## 3.13.7.6. Diferencias entre los tiempos del pasado

### 3.13.7.6.1. El pretérito perfecto y el pretérito indefinido

Ambos tiempos se emplean para hablar de acciones y experiencias pasadas, pero el uso de uno u otro depende de si el hablante las relaciona con el momento en el que habla o no.

Si las relaciona con el presente, el hablante selecciona el **pretérito perfecto**: *He trabajado varios años en el campo de la comunicación.* Además, se suelen usar expresiones como *hoy, esta mañana, esta tarde, esta semana, este mes, este año, esta primavera, estas vacaciones, este curso, últimamente...*

Si no, selecciona el **pretérito indefinido**: *Estudié la carrera en la Universidad de Salamanca*. Además, se pueden usar expresiones como *ayer, anteayer, el otro día, la semana pasada, el mes pasado, el año pasado, tres años después...*

### 3.13.7.6.2. El pretérito imperfecto y el pretérito indefinido

En una narración en pasado, es habitual emplear el **pretérito indefinido** para contar los hechos y las acciones concretas, y el **pretérito imperfecto** para describir las circunstancias en las que se produjeron esos hechos: *Estaba jugando al baloncesto y me caí.*

### 3.13.7.7. El futuro imperfecto

### 3.13.7.7.1. Verbos regulares

Las terminaciones se añaden directamente al infinitivo.

| | HABLAR | APRENDER | VIVIR |
|---|---|---|---|
| **(yo)** | hablar**é** | aprender**é** | vivir**é** |
| **(tú)** | hablar**ás** | aprender**ás** | vivir**ás** |
| **(él, ella, usted)** | hablar**á** | aprender**á** | vivir**á** |
| **(nosotros/as)** | hablar**emos** | aprender**emos** | vivir**emos** |
| **(vosotros/as)** | hablar**éis** | aprender**éis** | vivir**éis** |
| **(ellos/as, ustedes)** | hablar**án** | aprender**án** | vivir**án** |

### 3.13.7.7.2. Verbos irregulares

Los más frecuentes son:

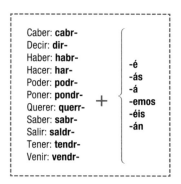

Caber: **cabr-**
Decir: **dir-**
Haber: **habr-**
Hacer: **har-**
Poder: **podr-**
Poner: **pondr-**
Querer: **querr-** + -é / -ás / -á / -emos / -éis / -án
Saber: **sabr-**
Salir: **saldr-**
Tener: **tendr-**
Venir: **vendr-**

El futuro imperfecto **se usa para**:

● Hablar de acciones futuras: *El próximo sábado **iremos** a Segovia.*

● Hacer una suposición sobre un hecho presente: *¿Dónde **estará** Juan? ¿**Estará** de vacaciones y no **consultará** su correo electrónico?*

### 3.13.7.8. El condicional simple
### 3.13.7.8.1. Verbos regulares

|  | HABLAR | APRENDER | VIVIR |
|---|---|---|---|
| (yo) | hablaría | aprendería | viviría |
| (tú) | hablarías | aprenderías | vivirías |
| (él, ella, usted) | hablaría | aprendería | viviría |
| (nosotros/as) | hablaríamos | aprenderíamos | viviríamos |
| (vosotros/as) | hablaríais | aprenderíais | viviríais |
| (ellos/as, ustedes) | hablarían | aprenderían | vivirían |

### 3.13.7.8.2. Verbos irregulares
Los más frecuentes son:

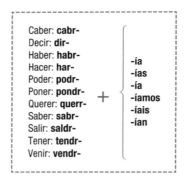

Caber: **cabr-**
Decir: **dir-**
Haber: **habr-**
Hacer: **har-**
Poder: **podr-**
Poner: **pondr-**
Querer: **querr-**
Saber: **sabr-**
Salir: **saldr-**
Tener: **tendr-**
Venir: **vendr-**

+

-ía
-ías
-ía
-íamos
-íais
-ían

El condicional simple **se utiliza para**:
- Pedir algo de forma cortés: *¿**Podría** informarnos acerca de la vivienda que se vende en la calle Santa Ana?*, *¿**Sería** tan amable de echarle un vistazo a nuestro catálogo?*
- Pedir y dar un consejo o hacer una sugerencia: *¿Tú que **harías**?*, ***Deberías** arreglar el ordenador.*

### 3.13.7.9. El presente de subjuntivo
### 3.13.7.9.1. Verbos regulares

|  | HABLAR | APRENDER | VIVIR |
|---|---|---|---|
| (yo) | hable | aprenda | viva |
| (tú) | hables | aprendas | vivas |
| (él, ella, usted) | hable | aprenda | viva |
| (nosotros/as) | hablemos | aprendamos | vivamos |
| (vosotros/as) | habléis | aprendáis | viváis |
| (ellos/as, ustedes) | hablen | aprendan | vivan |

## 3.13.7.9.2. Verbos irregulares

Los más frecuentes son:

| | HACER* | HABER | IR | PODER | SABER | SER |
|---|---|---|---|---|---|---|
| (yo) | hago | haya | vaya | pueda | sepa | sea |
| (tú) | hagas | hayas | vayas | puedas | sepas | seas |
| (él, ella, usted) | haga | haya | vaya | pueda | sepa | sea |
| (nosotros/as) | hagamos | hayamos | vayamos | podamos | sepamos | seamos |
| (vosotros/as) | hagáis | hayáis | vayáis | podáis | sepáis | seáis |
| (ellos/as, ustedes) | hagan | hayan | vayan | puedan | sepan | sean |

\* Para formar el presente de subjuntivo de muchos verbos irregulares hay que tomar la forma *yo* del presente de indicativo y cambiar la terminación: *poner.* (*yo*) *pongo* → *ponga, pongas, ponga...*

El presente de subjuntivo **se utiliza para**:

- Expresar un deseo: *Quiero que **vengas** a mi fiesta, ¡Que te **mejores**!*
- Dar consejos y recomendaciones: *Es bueno que **haga** ejercicio y **duerma** bien.*
- Expresar gustos y preferencias: *Me encanta que **salgamos** a cenar fuera los fines de semana.*
- Hacer una valoración: *Me parece bien que **salgas** con tus amigos.*

## 3.13.7.10. El imperativo

### 3.13.7.10.1. Verbos regulares

| | HABLAR | APRENDER | VIVIR |
|---|---|---|---|
| (tú) | habla | aprende | vive |
| (vosotros/as) | hablad | aprended | vivid |
| (usted) | hable | aprenda | viva |
| (ustedes) | hablen | aprendan | vivan |

Fíjate en que la forma para *tú* coincide con la forma de 3.ª persona de singular del presente de indicativo: *habla, aprende, vive.* Y la forma para ***vosotros/as*** se forma cambiando la **-r** del infinitivo por una **-d**: *hablad, aprended, vivid.*

### 3.13.7.10.2. Verbos irregulares

Hay algunos verbos que son irregulares en la forma *tú* del imperativo:

| | | | |
|---|---|---|---|
| Decir: **di** | Ir: **ve** | Salir: **sal** | Tener: **ten** |
| Hacer: **haz** | Poner: **pon** | Ser: **sé** | Venir: **ven** |

Los pronombres que funcionan como objeto directo (OD) u objeto indirecto (OI), así como los pronombres reflexivos, se ponen después del imperativo, formando con él una sola palabra. Se sigue este orden: imperativo + OI + OD: *Dame un vaso, por favor, **Dámelo** ya, por favor, **Péina**te, que vamos a salir.*

Cuando se añade un pronombre al imperativo plural, se suprime la *-d* final del imperativo: ***Lava**os las manos.*

El modo imperativo **se utiliza para**:

- Llamar la atención de alguien: ***Oye, perdona**, ¿has visto a Jaime?*
- Dar instrucciones: ***Siga** todo recto.*
- Dar órdenes: ***Siéntate** y **espera** un poco.*
- Conceder permiso (en este caso se suele repetir el imperativo): *¿Puedo pasar? Sí, claro. **Pase, pase.***
- Aconsejar: ***Coma** sano.*

### 3.13.7.10.3. Imperativo negativo

En español utilizamos las formas del presente de subjuntivo para el imperativo negativo.

|  | HABLAR | APRENDER | VIVIR |
|---|---|---|---|
| (tú) | no hables | no aprendas | no vivas |
| (vosotros/as) | no habléis | no aprendáis | no viváis |
| (usted) | no hable | no aprenda | no viva |
| (ustedes) | no hablen | no aprendan | no vivan |

Para hacer una petición negativa, se puede hacer con *no* o con cualquier forma que tenga significado negativo seguida del imperativo: *Ni coma grasas, ni beba. **Tampoco** haga ningún esfuerzo.*

## 3.13.8. El verbo *ser*

El verbo *ser* **se utiliza para**:

● Definir: *El cuchillo es un utensilio con el que cortamos la carne.*
● Identificar lugares y personas: *La chica morena de la melena larga es mi hermana Marta, Madrid es la capital de España.*
● Describir seres, objetos y lugares: *No es muy alta y es bastante delgada, Es un piso grande, Toledo es una ciudad muy bonita.*
● Valorar seres, objetos y lugares: *Tus amigos son muy simpáticos, ¡Qué bonita es tu casa!, Esta ciudad es muy aburrida.*
● Indicar la materia de la que está hecho algo: *Este reloj es de oro.*
● Indicar el origen o la nacionalidad de personas y objetos: *Esta escultura de arcilla es de Costa Rica, Soy de Brasil.*
● Indicar la profesión: *Johei Hiromoto es ingeniero.*

## 3.13.9. El verbo *estar*

El verbo *estar* **se utiliza para**:

● Situar en el espacio a alguien o algo: *Está a las afueras de la ciudad.*
● Indicar el estado civil: *La profesora está casada.*
● Hablar de una acción en desarrollo (*estar* + gerundio): *Los alumnos están estudiando.*
● Referirse a estados físicos o anímicos: *Francisca Resa García está bastante estresada.*
● Describir las características de objetos y lugares: *El piso está amueblado y muy bien comunicado.*

Y se utiliza en algunas expresiones fijas, como *estar de acuerdo, estar en paro, estar de moda*, etc.

## 3.13.10. Las perífrasis verbales

Las **perífrasis verbales** son el resultado de combinar dos formas verbales que se comportan como un solo verbo. Estas formas son:

● Una forma verbal simple o compuesta que funciona como verbo auxiliar.
● Una forma verbal no personal.

Estas son las principales:

| PERÍFRASIS | | NOCIÓN O IDEA DE | EJEMPLOS |
|---|---|---|---|
| hay que/tener que/ deber | | obligación/consejo | *Hay que asistir siempre a clase.* *Tenemos que respetar todas las opiniones.* *Debes decir siempre la verdad.* |
| ir a | | intención/planes | *Voy a salir con mis amigos esta tarde.* |
| soler | | costumbre | *Suelo ir los martes al gimnasio.* |
| empezar a | + infinitivo | comienzo | *Hemos empezado a recibir clases de* windsurf. |
| acabar/terminar de | | terminación | *Andrea acababa de levantarse de la cama.* |
| volver a | | reiteración | *Quiero volver a ver esa película.* |
| llevar sin | | acción que continúa | *¿Cuánto tiempo llevas sin ver a María?* |
| ponerse a | | comienzo | *Teresa y Marta se pusieron a charlar en la cafetería.* |
| dejar de | | interrupción | *Durante las vacaciones dejo de madrugar.* |
| estar | + gerundio | acción en desarrollo | *¿Estás estudiando para el examen?* |
| seguir/continuar | | acción que continúa | *Silvia seguía contemplando la belleza del paisaje.* |
| llevar | | acción que continúa | *Silvia llevaba horas contemplando la belleza de la tarde.* |

## 3.13.11. Modelos de conjugación verbal
### Verbos regulares

| 1. HABLAR | Formas no personales | Imperativo |
|---|---|---|
| | Infinitivo: hablar Gerundio: hablando Participio: hablado | habla (tú)   hablad (vosotros/as) hable (usted)   hablen (ustedes) |

| INDICATIVO | | | | |
|---|---|---|---|---|
| | Presente | Pretérito perfecto | Pretérito indefinido | Pretérito imperfecto |
| (yo) | hablo | he hablado | hablé | hablaba |
| (tú) | hablas | has hablado | hablaste | hablabas |
| (él, ella, usted) | habla | ha hablado | habló | hablaba |
| (nosotros/as) | hablamos | hemos hablado | hablamos | hablábamos |
| (vosotros/as) | habláis | habéis hablado | hablasteis | hablabais |
| (ellos/as, ustedes) | hablan | han hablado | hablaron | hablaban |

| INDICATIVO | | | | SUBJUNTIVO |
|---|---|---|---|---|
| | Pretérito pluscuamperfecto | Futuro imperfecto | Condicional simple | Presente |
| (yo) | había hablado | hablaré | hablaría | hable |
| (tú) | habías hablado | hablarás | hablarías | hables |
| (él, ella, usted) | había hablado | hablará | hablaría | hable |
| (nosotros/as) | habíamos hablado | hablaremos | hablaríamos | hablemos |
| (vosotros/as) | habíais hablado | hablaréis | hablaríais | habléis |
| (ellos/as, ustedes) | habían hablado | hablarán | hablarían | hablen |

## 2. APRENDER

| Formas no personales | Imperativo | |
|---|---|---|
| Infinitivo: aprender<br>Gerundio: aprendiendo<br>Participio: aprendido | aprende (tú)<br>aprenda (usted) | aprended (vosotros/as)<br>aprendan (ustedes) |

### INDICATIVO

| | Presente | Pretérito perfecto | Pretérito indefinido | Pretérito imperfecto |
|---|---|---|---|---|
| (yo) | aprendo | he aprendido | aprendí | aprendía |
| (tú) | aprendes | has aprendido | aprendiste | aprendías |
| (él, ella, usted) | aprende | ha aprendido | aprendió | aprendía |
| (nosotros/as) | aprendemos | hemos aprendido | aprendimos | aprendíamos |
| (vosotros/as) | aprendéis | habéis aprendido | aprendisteis | aprendíais |
| (ellos/as, ustedes) | aprenden | han aprendido | aprendieron | aprendían |

| | INDICATIVO | | | SUBJUNTIVO |
|---|---|---|---|---|
| | Pretérito pluscuamperfecto | Futuro imperfecto | Condicional simple | Presente |
| (yo) | había aprendido | aprenderé | aprendería | aprenda |
| (tú) | habías aprendido | aprenderás | aprenderías | aprendas |
| (él, ella, usted) | había aprendido | aprenderá | aprendería | aprenda |
| (nosotros/as) | habíamos aprendido | aprenderemos | aprenderíamos | aprendamos |
| (vosotros/as) | habíais aprendido | aprenderéis | aprenderíais | aprendáis |
| (ellos/as, ustedes) | habían aprendido | aprenderán | aprenderían | aprendan |

## 3. VIVIR

| Formas no personales | Imperativo | |
|---|---|---|
| Infinitivo: vivir<br>Gerundio: viviendo<br>Participio: vivido | vive (tú)<br>viva (usted) | vivid (vosotros/as)<br>vivan (ustedes) |

### INDICATIVO

| | Presente | Pretérito perfecto | Pretérito indefinido | Pretérito imperfecto |
|---|---|---|---|---|
| (yo) | vivo | he vivido | viví | vivía |
| (tú) | vives | has vivido | viviste | vivías |
| (él, ella, usted) | vive | ha vivido | vivió | vivía |
| (nosotros/as) | vivimos | hemos vivido | vivimos | vivíamos |
| (vosotros/as) | vivís | habéis vivido | vivisteis | vivíais |
| (ellos/as, ustedes) | viven | han vivido | vivieron | vivían |

| | INDICATIVO | | | SUBJUNTIVO |
|---|---|---|---|---|
| | Pretérito pluscuamperfecto | Futuro imperfecto | Condicional simple | Presente |
| (yo) | había vivido | viviré | viviría | viva |
| (tú) | habías vivido | vivirás | vivirías | vivas |
| (él, ella, usted) | había vivido | vivirá | viviría | viva |
| (nosotros/as) | habíamos vivido | viviremos | viviríamos | vivamos |
| (vosotros/as) | habíais vivido | viviréis | viviríais | viváis |
| (ellos/as, ustedes) | habían vivido | vivirán | vivirían | vivan |

## Verbos reflexivos o pronominales

### 4. LEVANTARSE

| Formas no personales |
|---|
| Infinitivo: levantarse |
| Gerundio: levantándose |
| Participio: levantado |

| Imperativo | |
|---|---|
| levántate (tú) | levantaos (vosotros/as) |
| levántese (usted) | levántense (ustedes) |

| INDICATIVO | | | | |
|---|---|---|---|---|
| | Presente | Pretérito perfecto | Pretérito indefinido | Pretérito imperfecto |
| (yo) | me levanto | me he levantado | me levanté | me levantaba |
| (tú) | te levantas | te has levantado | te levantaste | te levantabas |
| (él, ella, usted) | se levanta | se ha levantado | se levantó | se levantaba |
| (nosotros/as) | nos levantamos | nos hemos levantado | nos levantamos | nos levantábamos |
| (vosotros/as) | os levantáis | os habéis levantado | os levantasteis | os levantabais |
| (ellos/as, ustedes) | se levantan | se han levantado | se levantaron | se levantaban |

| INDICATIVO | | | | SUBJUNTIVO |
|---|---|---|---|---|
| | Pretérito pluscuamperfecto | Futuro imperfecto | Condicional simple | Presente |
| (yo) | me había levantado | me levantaré | me levantaría | me levante |
| (tú) | te habías levantado | te levantarás | te levantarías | te levantes |
| (él, ella, usted) | se había levantado | se levantará | se levantaría | se levante |
| (nosotros/as) | nos habíamos levantado | nos levantaremos | nos levantaríamos | nos levantemos |
| (vosotros/as) | os habíais levantado | os levantaréis | os levantaríais | os levantéis |
| (ellos/as, ustedes) | se habían levantado | se levantarán | se levantarían | se levanten |

## Verbos irregulares

### 5. ANDAR

| Formas no personales |
|---|
| Infinitivo: andar |
| Gerundio: andando |
| Participio: andado |

| Imperativo | |
|---|---|
| anda (tú) | andad (vosotros/as) |
| ande (usted) | anden (ustedes) |

| INDICATIVO | | | | |
|---|---|---|---|---|
| | Presente | Pretérito perfecto | Pretérito indefinido | Pretérito imperfecto |
| (yo) | ando | he andado | anduve | andaba |
| (tú) | andas | has andado | anduviste | andabas |
| (él, ella, usted) | anda | ha andado | anduvo | andaba |
| (nosotros/as) | andamos | hemos andado | anduvimos | andábamos |
| (vosotros/as) | andáis | habéis andado | anduvisteis | andabais |
| (ellos/as, ustedes) | andan | han andado | anduvieron | andaban |

| INDICATIVO | | | | SUBJUNTIVO |
|---|---|---|---|---|
| | Pretérito pluscuamperfecto | Futuro imperfecto | Condicional simple | Presente |
| (yo) | había andado | andaré | andaría | ande |
| (tú) | habías andado | andarás | andarías | andes |
| (él, ella, usted) | había andado | andará | andaría | ande |
| (nosotros/as) | habíamos andado | andaremos | andaríamos | andemos |
| (vosotros/as) | habíais andado | andaréis | andaríais | andéis |
| (ellos/as, ustedes) | habían andado | andarán | andarían | anden |

## 6. CABER

| Formas no personales | Imperativo | |
|---|---|---|
| Infinitivo: caber<br>Gerundio: cabiendo<br>Participio: cabido | cabe (tú)<br>**quepa** (usted) | cabed (vosotros/as)<br>**quepan** (ustedes) |

### INDICATIVO

| | Presente | Pretérito perfecto | Pretérito indefinido | Pretérito imperfecto |
|---|---|---|---|---|
| (yo) | **quepo** | he cabido | **cupe** | cabía |
| (tú) | cabes | has cabido | **cupiste** | cabías |
| (él, ella, usted) | cabe | ha cabido | **cupo** | cabía |
| (nosotros/as) | cabemos | hemos cabido | **cupimos** | cabíamos |
| (vosotros/as) | cabéis | habéis cabido | **cupisteis** | cabíais |
| (ellos/as, ustedes) | caben | han cabido | **cupieron** | cabían |

### INDICATIVO / SUBJUNTIVO

| | Pretérito pluscuamperfecto | Futuro imperfecto | Condicional simple | Presente |
|---|---|---|---|---|
| (yo) | había cabido | **cabré** | **cabría** | quepa |
| (tú) | habías cabido | **cabrás** | **cabrías** | quepas |
| (él, ella, usted) | había cabido | **cabrá** | **cabría** | quepa |
| (nosotros/as) | habíamos cabido | **cabremos** | **cabríamos** | quepamos |
| (vosotros/as) | habíais cabido | **cabréis** | **cabríais** | quepáis |
| (ellos/as, ustedes) | habían cabido | **cabrán** | **cabrían** | quepan |

## 7. CONOCER

| Formas no personales | Imperativo | |
|---|---|---|
| Infinitivo: conocer<br>Gerundio: conociendo<br>Participio: conocido | conoce (tú)<br>**conozca** (usted) | conoced (vosotros/as)<br>**conozcan** (ustedes) |

### INDICATIVO

| | Presente | Pretérito perfecto | Pretérito indefinido | Pretérito imperfecto |
|---|---|---|---|---|
| (yo) | **conozco** | he conocido | conocí | conocía |
| (tú) | conoces | has conocido | conociste | conocías |
| (él, ella, usted) | conoce | ha conocido | conoció | conocía |
| (nosotros/as) | conocemos | hemos conocido | conocimos | conocíamos |
| (vosotros/as) | conocéis | habéis conocido | conocisteis | conocíais |
| (ellos/as, ustedes) | conocen | han conocido | conocieron | conocían |

### INDICATIVO / SUBJUNTIVO

| | Pretérito pluscuamperfecto | Futuro imperfecto | Condicional simple | Presente |
|---|---|---|---|---|
| (yo) | había conocido | conoceré | conocería | **conozca** |
| (tú) | habías conocido | conocerás | conocerías | **conozcas** |
| (él, ella, usted) | había conocido | conocerá | conocería | **conozca** |
| (nosotros/as) | habíamos conocido | conoceremos | conoceríamos | **conozcamos** |
| (vosotros/as) | habíais conocido | conoceréis | conoceríais | **conozcáis** |
| (ellos/as, ustedes) | habían conocido | conocerán | conocerían | **conozcan** |

## 8. CONTAR

| Formas no personales | Imperativo | |
|---|---|---|
| Infinitivo: contar<br>Gerundio: contando<br>Participio: contado | **cuenta** (tú)<br>**cuente** (usted) | **contad** (vosotros/as)<br>**cuenten** (ustedes) |

### INDICATIVO

| | Presente | Pretérito perfecto | Pretérito indefinido | Pretérito imperfecto |
|---|---|---|---|---|
| (yo) | **cuento** | he contado | conté | contaba |
| (tú) | **cuentas** | has contado | contaste | contabas |
| (él, ella, usted) | **cuenta** | ha contado | contó | contaba |
| (nosotros/as) | contamos | hemos contado | contamos | contábamos |
| (vosotros/as) | contáis | habéis contado | contasteis | contabais |
| (ellos/as, ustedes) | **cuentan** | han contado | contaron | contaban |

### INDICATIVO · SUBJUNTIVO

| | Pretérito pluscuamperfecto | Futuro imperfecto | Condicional simple | Presente |
|---|---|---|---|---|
| (yo) | había contado | contaré | contaría | **cuente** |
| (tú) | habías contado | contarás | contarías | **cuentes** |
| (él, ella, usted) | había contado | contará | contaría | **cuente** |
| (nosotros/as) | habíamos contado | contaremos | contaríamos | contemos |
| (vosotros/as) | habíais contado | contaréis | contaríais | contéis |
| (ellos/as, ustedes) | habían contado | contarán | contarían | **cuenten** |

## 9. CONSTRUIR

| Formas no personales | Imperativo | |
|---|---|---|
| Infinitivo: construir<br>Gerundio: **construyendo**<br>Participio: construido | **construye** (tú)<br>**construya** (usted) | construid (vosotros/as)<br>**construyan** (ustedes) |

### INDICATIVO

| | Presente | Pretérito perfecto | Pretérito indefinido | Pretérito imperfecto |
|---|---|---|---|---|
| (yo) | **construyo** | he construido | construí | construía |
| (tú) | **construyes** | has construido | construiste | construías |
| (él, ella, usted) | **construye** | ha construido | **construyó** | construía |
| (nosotros/as) | construimos | hemos construido | construimos | construíamos |
| (vosotros/as) | construís | habéis construido | construisteis | construíais |
| (ellos/as, ustedes) | **construyen** | han construido | **construyeron** | construían |

### INDICATIVO · SUBJUNTIVO

| | Pretérito pluscuamperfecto | Futuro imperfecto | Condicional simple | Presente |
|---|---|---|---|---|
| (yo) | había construido | construiré | construiría | **construya** |
| (tú) | habías construido | construirás | construirías | **construyas** |
| (él, ella, usted) | había construido | construirá | construiría | **construya** |
| (nosotros/as) | habíamos construido | construiremos | construiríamos | **construyamos** |
| (vosotros/as) | habíais construido | construiréis | construiríais | **construyáis** |
| (ellos/as, ustedes) | habían construido | construirán | construirían | **construyan** |

## 10. DAR

| Formas no personales | Imperativo | |
|---|---|---|
| Infinitivo: dar<br>Gerundio: dando<br>Participio: dado | da (tú)<br>dé (usted) | dad (vosotros/as)<br>den (ustedes) |

### INDICATIVO

| | Presente | Pretérito perfecto | Pretérito indefinido | Pretérito imperfecto |
|---|---|---|---|---|
| (yo) | doy | he dado | di | daba |
| (tú) | das | has dado | diste | dabas |
| (él, ella, usted) | da | ha dado | dio | daba |
| (nosotros/as) | damos | hemos dado | dimos | dábamos |
| (vosotros/as) | dais | habéis dado | disteis | dabais |
| (ellos/as, ustedes) | dan | han dado | dieron | daban |

| INDICATIVO | | | | SUBJUNTIVO |
|---|---|---|---|---|
| | Pretérito pluscuamperfecto | Futuro imperfecto | Condicional simple | Presente |
| (yo) | había dado | daré | daría | dé |
| (tú) | habías dado | darás | darías | des |
| (él, ella, usted) | había dado | dará | daría | dé |
| (nosotros/as) | habíamos dado | daremos | daríamos | demos |
| (vosotros/as) | habíais dado | daréis | daríais | deis |
| (ellos/as, ustedes) | habían dado | darán | darían | den |

## 11. DECIR

| Formas no personales | Imperativo | |
|---|---|---|
| Infinitivo: decir<br>Gerundio: diciendo<br>Participio: dicho | di (tú)<br>diga (usted) | decid (vosotros/as)<br>digan (ustedes) |

### INDICATIVO

| | Presente | Pretérito perfecto | Pretérito indefinido | Pretérito imperfecto |
|---|---|---|---|---|
| (yo) | digo | he dicho | dije | decía |
| (tú) | dices | has dicho | dijiste | decías |
| (él, ella, usted) | dice | ha dicho | dijo | decía |
| (nosotros/as) | decimos | hemos dicho | dijimos | decíamos |
| (vosotros/as) | decís | habéis dicho | dijisteis | decíais |
| (ellos/as, ustedes) | dicen | han dicho | dijeron | decían |

| INDICATIVO | | | | SUBJUNTIVO |
|---|---|---|---|---|
| | Pretérito pluscuamperfecto | Futuro imperfecto | Condicional simple | Presente |
| (yo) | había dicho | diré | diría | diga |
| (tú) | habías dicho | dirás | dirías | digas |
| (él, ella, usted) | había dicho | dirá | diría | diga |
| (nosotros/as) | habíamos dicho | diremos | diríamos | digamos |
| (vosotros/as) | habíais dicho | diréis | diríais | digáis |
| (ellos/as, ustedes) | habían dicho | dirán | dirían | digan |

## 12. DORMIR

| Formas no personales | Imperativo |
|---|---|
| Infinitivo: dormir<br>Gerundio: **durmiendo**<br>Participio: dormido | **duerme** (tú)   dormid (vosotros/as)<br>**duerma** (usted)  **duerman** (ustedes) |

### INDICATIVO

| | Presente | Pretérito perfecto | Pretérito indefinido | Pretérito imperfecto |
|---|---|---|---|---|
| (yo) | **duermo** | he dormido | dormí | dormía |
| (tú) | **duermes** | has dormido | dormiste | dormías |
| (él, ella, usted) | **duerme** | ha dormido | **durmió** | dormía |
| (nosotros/as) | dormimos | hemos dormido | dormimos | dormíamos |
| (vosotros/as) | dormís | habéis dormido | dormisteis | dormíais |
| (ellos/as, ustedes) | **duermen** | han dormido | **durmieron** | dormían |

### INDICATIVO / SUBJUNTIVO

| | Pretérito pluscuamperfecto | Futuro imperfecto | Condicional simple | Presente |
|---|---|---|---|---|
| (yo) | había dormido | dormiré | dormiría | **duerma** |
| (tú) | habías dormido | dormirás | dormirías | **duermas** |
| (él, ella, usted) | había dormido | dormirá | dormiría | **duerma** |
| (nosotros/as) | habíamos dormido | dormiremos | dormiríamos | durmamos |
| (vosotros/as) | habíais dormido | dormiréis | dormiríais | durmáis |
| (ellos/as, ustedes) | habían dormido | dormirán | dormirían | **duerman** |

## 13. ESTAR

| Formas no personales | Imperativo |
|---|---|
| Infinitivo: estar<br>Gerundio: estando<br>Participio: estado | está (tú)   estad (vosotros/as)<br>**esté** (usted)  **estén** (ustedes) |

### INDICATIVO

| | Presente | Pretérito perfecto | Pretérito indefinido | Pretérito imperfecto |
|---|---|---|---|---|
| (yo) | **estoy** | he estado | **estuve** | estaba |
| (tú) | estás | has estado | **estuviste** | estabas |
| (él, ella, usted) | está | ha estado | **estuvo** | estaba |
| (nosotros/as) | estamos | hemos estado | **estuvimos** | estábamos |
| (vosotros/as) | estáis | habéis estado | **estuvisteis** | estabais |
| (ellos/as, ustedes) | están | han estado | **estuvieron** | estaban |

### INDICATIVO / SUBJUNTIVO

| | Pretérito pluscuamperfecto | Futuro imperfecto | Condicional simple | Presente |
|---|---|---|---|---|
| (yo) | había estado | estaré | estaría | **esté** |
| (tú) | habías estado | estarás | estarías | **estés** |
| (él, ella, usted) | había estado | estará | estaría | **esté** |
| (nosotros/as) | habíamos estado | estaremos | estaríamos | **estemos** |
| (vosotros/as) | habíais estado | estaréis | estaríais | **estéis** |
| (ellos/as, ustedes) | habían estado | estarán | estarían | **estén** |

## 14. HABER

| | Formas no personales | Imperativo |
|---|---|---|
| | Infinitivo: haber<br>Gerundio: habiendo<br>Participio: habido | – |

### INDICATIVO

| | Presente | Pretérito perfecto | Pretérito indefinido | Pretérito imperfecto |
|---|---|---|---|---|
| (yo) | he | – | hube | había |
| (tú) | has | – | hubiste | habías |
| (él, ella, usted) | ha/hay* | ha habido | hubo | había |
| (nosotros/as) | hemos | – | hubimos | habíamos |
| (vosotros/as) | habéis | – | hubisteis | habíais |
| (ellos/as, ustedes) | han | – | hubieron | habían |

| INDICATIVO | | | | SUBJUNTIVO |
|---|---|---|---|---|
| | Pretérito pluscuamperfecto | Futuro imperfecto | Condicional simple | Presente |
| (yo) | – | habré | habría | haya |
| (tú) | – | habrás | habrías | hayas |
| (él, ella, usted) | había habido | habrá | habría | haya |
| (nosotros/as) | – | habremos | habríamos | hayamos |
| (vosotros/as) | – | habréis | habríais | hayáis |
| (ellos/as, ustedes) | – | habrán | habrían | hayan |

* Forma que se usa sin sujeto.

## 15. HACER

| | Formas no personales | Imperativo | |
|---|---|---|---|
| | Infinitivo: hacer<br>Gerundio: haciendo<br>Participio: **hecho** | **haz** (tú)<br>**haga** (usted) | haced (vosotros/as)<br>**hagan** (ustedes) |

### INDICATIVO

| | Presente | Pretérito perfecto | Pretérito indefinido | Pretérito imperfecto |
|---|---|---|---|---|
| (yo) | hago | he **hecho** | hice | hacía |
| (tú) | haces | has **hecho** | hiciste | hacías |
| (él, ella, usted) | hace | ha **hecho** | hizo | hacía |
| (nosotros/as) | hacemos | hemos **hecho** | hicimos | hacíamos |
| (vosotros/as) | hacéis | habéis **hecho** | hicisteis | hacíais |
| (ellos/as, ustedes) | hacen | han **hecho** | hicieron | hacían |

| INDICATIVO | | | | SUBJUNTIVO |
|---|---|---|---|---|
| | Pretérito pluscuamperfecto | Futuro imperfecto | Condicional simple | Presente |
| (yo) | había **hecho** | haré | haría | haga |
| (tú) | habías **hecho** | harás | harías | hagas |
| (él, ella, usted) | había **hecho** | hará | haría | haga |
| (nosotros/as) | habíamos **hecho** | haremos | haríamos | hagamos |
| (vosotros/as) | habíais **hecho** | haréis | haríais | hagáis |
| (ellos/as, ustedes) | habían **hecho** | harán | harían | hagan |

## 16. IR

| Formas no personales | Imperativo | |
|---|---|---|
| Infinitivo: ir<br>Gerundio: **yendo**<br>Participio: ido | **ve** (tú)<br>**vaya** (usted) | **id** (vosotros/as)<br>**vayan** (ustedes) |

### INDICATIVO

| | Presente | Pretérito perfecto | Pretérito indefinido | Pretérito imperfecto |
|---|---|---|---|---|
| (yo) | **voy** | he ido | **fui** | **iba** |
| (tú) | **vas** | has ido | **fuiste** | **ibas** |
| (él, ella, usted) | **va** | ha ido | **fue** | **iba** |
| (nosotros/as) | **vamos** | hemos ido | **fuimos** | **íbamos** |
| (vosotros/as) | **vais** | habéis ido | **fuisteis** | **ibais** |
| (ellos/as, ustedes) | **van** | han ido | **fueron** | **iban** |

### INDICATIVO / SUBJUNTIVO

| | Pretérito pluscuamperfecto | Futuro imperfecto | Condicional simple | Presente |
|---|---|---|---|---|
| (yo) | había ido | **iré** | **iría** | **vaya** |
| (tú) | habías ido | **irás** | **irías** | **vayas** |
| (él, ella, usted) | había ido | **irá** | **iría** | **vaya** |
| (nosotros/as) | habíamos ido | **iremos** | **iríamos** | **vayamos** |
| (vosotros/as) | habíais ido | **iréis** | **iríais** | **vayáis** |
| (ellos/as, ustedes) | habían ido | **irán** | **irían** | **vayan** |

## 17. JUGAR

| Formas no personales | Imperativo | |
|---|---|---|
| Infinitivo: jugar<br>Gerundio: jugando<br>Participio: jugado | **juega** (tú)<br>**juegue** (usted) | jugad (vosotros/as)<br>**jueguen** (ustedes) |

### INDICATIVO

| | Presente | Pretérito perfecto | Pretérito indefinido | Pretérito imperfecto |
|---|---|---|---|---|
| (yo) | **juego** | he jugado | jugué | jugaba |
| (tú) | **juegas** | has jugado | jugaste | jugabas |
| (él, ella, usted) | **juega** | ha jugado | jugó | jugaba |
| (nosotros/as) | jugamos | hemos jugado | jugamos | jugábamos |
| (vosotros/as) | jugáis | habéis jugado | jugasteis | jugabais |
| (ellos/as, ustedes) | **juegan** | han jugado | jugaron | jugaban |

### INDICATIVO / SUBJUNTIVO

| | Pretérito pluscuamperfecto | Futuro imperfecto | Condicional simple | Presente |
|---|---|---|---|---|
| (yo) | había jugado | jugaré | jugaría | **juegue** |
| (tú) | habías jugado | jugarás | jugarías | **juegues** |
| (él, ella, usted) | había jugado | jugará | jugaría | **juegue** |
| (nosotros/as) | habíamos jugado | jugaremos | jugaríamos | juguemos |
| (vosotros/as) | habíais jugado | jugaréis | jugaríais | juguéis |
| (ellos/as, ustedes) | habían jugado | jugarán | jugarían | **jueguen** |

## 18. LEER

| Formas no personales | Imperativo | |
|---|---|---|
| Infinitivo: leer<br>Gerundio: **leyendo**<br>Participio: leído | lee (tú)<br>lea (usted) | leed (vosotros/as)<br>lean (ustedes) |

### INDICATIVO

| | Presente | Pretérito perfecto | Pretérito indefinido | Pretérito imperfecto |
|---|---|---|---|---|
| (yo) | leo | he leído | leí | leía |
| (tú) | lees | has leído | leíste | leías |
| (él, ella, usted) | lee | ha leído | **leyó** | leía |
| (nosotros/as) | leemos | hemos leído | leímos | leíamos |
| (vosotros/as) | leéis | habéis leído | leísteis | leíais |
| (ellos/as, ustedes) | leen | han leído | **leyeron** | leían |

| | INDICATIVO | | | SUBJUNTIVO |
|---|---|---|---|---|
| | Pretérito pluscuamperfecto | Futuro imperfecto | Condicional simple | Presente |
| (yo) | había leído | leeré | leería | lea |
| (tú) | habías leído | leerás | leerías | leas |
| (él, ella, usted) | había leído | leerá | leería | lea |
| (nosotros/as) | habíamos leído | leeremos | leeríamos | leamos |
| (vosotros/as) | habíais leído | leeréis | leeríais | leáis |
| (ellos/as, ustedes) | habían leído | leerán | leerían | lean |

## 19. MOVER

| Formas no personales | Imperativo | |
|---|---|---|
| Infinitivo: mover<br>Gerundio: moviendo<br>Participio: movido | **mueve** (tú)<br>**mueva** (usted) | moved (vosotros/as)<br>**muevan** (ustedes) |

### INDICATIVO

| | Presente | Pretérito perfecto | Pretérito indefinido | Pretérito imperfecto |
|---|---|---|---|---|
| (yo) | **muevo** | he movido | moví | movía |
| (tú) | **mueves** | has movido | moviste | movías |
| (él, ella, usted) | **mueve** | ha movido | movió | movía |
| (nosotros/as) | movemos | hemos movido | movimos | movíamos |
| (vosotros/as) | movéis | habéis movido | movisteis | movíais |
| (ellos/as, ustedes) | **mueven** | han movido | movieron | movían |

| | INDICATIVO | | | SUBJUNTIVO |
|---|---|---|---|---|
| | Pretérito pluscuamperfecto | Futuro imperfecto | Condicional simple | Presente |
| (yo) | había movido | moveré | movería | **mueva** |
| (tú) | habías movido | moverás | moverías | **muevas** |
| (él, ella, usted) | había movido | moverá | movería | **mueva** |
| (nosotros/as) | habíamos movido | moveremos | moveríamos | movamos |
| (vosotros/as) | habíais movido | moveréis | moveríais | mováis |
| (ellos/as, ustedes) | habían movido | moverán | moverían | **muevan** |

## 20. OÍR

| Formas no personales | Imperativo | |
|---|---|---|
| Infinitivo: oír<br>Gerundio: **oyendo**<br>Participio: oído | **oye** (tú)<br>**oiga** (usted) | oíd (vosotros/as)<br>**oigan** (ustedes) |

### INDICATIVO

| | Presente | Pretérito perfecto | Pretérito indefinido | Pretérito imperfecto |
|---|---|---|---|---|
| (yo) | oigo | he oído | oí | oía |
| (tú) | oyes | has oído | oíste | oías |
| (él, ella, usted) | oye | ha oído | oyó | oía |
| (nosotros/as) | oímos | hemos oído | oímos | oíamos |
| (vosotros/as) | oís | habéis oído | oísteis | oíais |
| (ellos/as, ustedes) | oyen | han oído | oyeron | oían |

| | Pretérito pluscuamperfecto | Futuro imperfecto | Condicional simple | SUBJUNTIVO Presente |
|---|---|---|---|---|
| (yo) | había oído | oiré | oiría | oiga |
| (tú) | habías oído | oirás | oirías | oigas |
| (él, ella, usted) | había oído | oirá | oiría | oiga |
| (nosotros/as) | habíamos oído | oiremos | oiríamos | oigamos |
| (vosotros/as) | habíais oído | oiréis | oiríais | oigáis |
| (ellos/as, ustedes) | habían oído | oirán | oirían | oigan |

## 21. PEDIR

| Formas no personales | Imperativo | |
|---|---|---|
| Infinitivo: pedir<br>Gerundio: **pidiendo**<br>Participio: pedido | **pide** (tú)<br>**pida** (usted) | pedid (vosotros/as)<br>**pidan** (ustedes) |

### INDICATIVO

| | Presente | Pretérito perfecto | Pretérito indefinido | Pretérito imperfecto |
|---|---|---|---|---|
| (yo) | pido | he pedido | pedí | pedía |
| (tú) | pides | has pedido | pediste | pedías |
| (él, ella, usted) | pide | ha pedido | pidió | pedía |
| (nosotros/as) | pedimos | hemos pedido | pedimos | pedíamos |
| (vosotros/as) | pedís | habéis pedido | pedisteis | pedíais |
| (ellos/as, ustedes) | piden | han pedido | pidieron | pedían |

| | Pretérito pluscuamperfecto | Futuro imperfecto | Condicional simple | SUBJUNTIVO Presente |
|---|---|---|---|---|
| (yo) | había pedido | pediré | pediría | pida |
| (tú) | habías pedido | pedirás | pedirías | pidas |
| (él, ella, usted) | había pedido | pedirá | pediría | pida |
| (nosotros/as) | habíamos pedido | pediremos | pediríamos | pidamos |
| (vosotros/as) | habíais pedido | pediréis | pediríais | pidáis |
| (ellos/as, ustedes) | habían pedido | pedirán | pedirían | pidan |

## 22. PENSAR

| Formas no personales | Imperativo | |
|---|---|---|
| Infinitivo: pensar<br>Gerundio: pensando<br>Participio: pensado | **piensa** (tú)<br>**piense** (usted) | **pensad** (vosotros/as)<br>**piensen** (ustedes) |

### INDICATIVO

| | Presente | Pretérito perfecto | Pretérito indefinido | Pretérito imperfecto |
|---|---|---|---|---|
| (yo) | **pienso** | he pensado | pensé | pensaba |
| (tú) | **piensas** | has pensado | pensaste | pensabas |
| (él, ella, usted) | **piensa** | ha pensado | pensó | pensaba |
| (nosotros/as) | pensamos | hemos pensado | pensamos | pensábamos |
| (vosotros/as) | pensáis | habéis pensado | pensasteis | pensabais |
| (ellos/as, ustedes) | **piensan** | han pensado | pensaron | pensaban |

| | INDICATIVO | | | SUBJUNTIVO |
|---|---|---|---|---|
| | Pretérito pluscuamperfecto | Futuro imperfecto | Condicional simple | Presente |
| (yo) | había pensado | pensaré | pensaría | **piense** |
| (tú) | habías pensado | pensarás | pensarías | **pienses** |
| (él, ella, usted) | había pensado | pensará | pensaría | **piense** |
| (nosotros/as) | habíamos pensado | pensaremos | pensaríamos | pensemos |
| (vosotros/as) | habíais pensado | pensaréis | pensaríais | penséis |
| (ellos/as, ustedes) | habían pensado | pensarán | pensarían | **piensen** |

## 23. PERDER

| Formas no personales | Imperativo | |
|---|---|---|
| Infinitivo: perder<br>Gerundio: perdiendo<br>Participio: perdido | **pierde** (tú)<br>**pierda** (usted) | **perded** (vosotros/as)<br>**pierdan** (ustedes) |

### INDICATIVO

| | Presente | Pretérito perfecto | Pretérito indefinido | Pretérito imperfecto |
|---|---|---|---|---|
| (yo) | **pierdo** | he perdido | perdí | perdía |
| (tú) | **pierdes** | has perdido | perdiste | perdías |
| (él, ella, usted) | **pierde** | ha perdido | perdió | perdía |
| (nosotros/as) | perdemos | hemos perdido | perdimos | perdíamos |
| (vosotros/as) | perdéis | habéis perdido | perdisteis | perdíais |
| (ellos/as, ustedes) | **pierden** | han perdido | perdieron | perdían |

| | INDICATIVO | | | SUBJUNTIVO |
|---|---|---|---|---|
| | Pretérito pluscuamperfecto | Futuro imperfecto | Condicional simple | Presente |
| (yo) | había perdido | perderé | perdería | **pierda** |
| (tú) | habías perdido | perderás | perderías | **pierdas** |
| (él, ella, usted) | había perdido | perderá | perdería | **pierda** |
| (nosotros/as) | habíamos perdido | perderemos | perderíamos | perdamos |
| (vosotros/as) | habíais perdido | perderéis | perderíais | perdáis |
| (ellos/as, ustedes) | habían perdido | perderán | perderían | **pierdan** |

## 24. PODER

| Formas no personales | Imperativo | |
|---|---|---|
| Infinitivo: poder<br>Gerundio: **pudiendo**<br>Participio: podido | **puede** (tú)<br>**pueda** (usted) | poded (vosotros/as)<br>**puedan** (ustedes) |

### INDICATIVO

| | Presente | Pretérito perfecto | Pretérito indefinido | Pretérito imperfecto |
|---|---|---|---|---|
| (yo) | **puedo** | he podido | **pude** | podía |
| (tú) | **puedes** | has podido | **pudiste** | podías |
| (él, ella, usted) | **puede** | ha podido | **pudo** | podía |
| (nosotros/as) | podemos | hemos podido | **pudimos** | podíamos |
| (vosotros/as) | podéis | habéis podido | **pudisteis** | podíais |
| (ellos/as, ustedes) | **pueden** | han podido | **pudieron** | podían |

| INDICATIVO | | | SUBJUNTIVO |
|---|---|---|---|
| | Pretérito pluscuamperfecto | Futuro imperfecto | Condicional simple | Presente |
| (yo) | había podido | **podré** | podría | **pueda** |
| (tú) | habías podido | **podrás** | podrías | **puedas** |
| (él, ella, usted) | había podido | **podrá** | podría | **pueda** |
| (nosotros/as) | habíamos podido | **podremos** | **podríamos** | podamos |
| (vosotros/as) | habíais podido | **podréis** | **podríais** | podáis |
| (ellos/as, ustedes) | habían podido | **podrán** | **podrían** | **puedan** |

## 25. PONER

| Formas no personales | Imperativo | |
|---|---|---|
| Infinitivo: poner<br>Gerundio: poniendo<br>Participio: **puesto** | **pon** (tú)<br>**ponga** (usted) | poned (vosotros/as)<br>**pongan** (ustedes) |

### INDICATIVO

| | Presente | Pretérito perfecto | Pretérito indefinido | Pretérito imperfecto |
|---|---|---|---|---|
| (yo) | **pongo** | he **puesto** | **puse** | ponía |
| (tú) | pones | has **puesto** | **pusiste** | ponías |
| (él, ella, usted) | pone | ha **puesto** | **puso** | ponía |
| (nosotros/as) | ponemos | hemos **puesto** | **pusimos** | poníamos |
| (vosotros/as) | ponéis | habéis **puesto** | **pusisteis** | poníais |
| (ellos/as, ustedes) | ponen | han **puesto** | **pusieron** | ponían |

| INDICATIVO | | | SUBJUNTIVO |
|---|---|---|---|
| | Pretérito pluscuamperfecto | Futuro imperfecto | Condicional simple | Presente |
| (yo) | había **puesto** | **pondré** | pondría | **ponga** |
| (tú) | habías **puesto** | **pondrás** | pondrías | **pongas** |
| (él, ella, usted) | había **puesto** | **pondrá** | pondría | **ponga** |
| (nosotros/as) | habíamos **puesto** | **pondremos** | **pondríamos** | **pongamos** |
| (vosotros/as) | habíais **puesto** | **pondréis** | **pondríais** | **pongáis** |
| (ellos/as, ustedes) | habían **puesto** | **pondrán** | **pondrían** | **pongan** |

## 26. PRODUCIR

| Formas no personales | Imperativo |
|---|---|
| Infinitivo: producir<br>Gerundio: produciendo<br>Participio: producido | produce (tú)          producid (vosotros/as)<br>**produzca** (usted)   **produzcan** (ustedes) |

### INDICATIVO

| | Presente | Pretérito perfecto | Pretérito indefinido | Pretérito imperfecto |
|---|---|---|---|---|
| (yo) | **produzco** | he producido | **produje** | producía |
| (tú) | produces | has producido | **produjiste** | producías |
| (él, ella, usted) | produce | ha producido | **produjo** | producía |
| (nosotros/as) | producimos | hemos producido | **produjimos** | producíamos |
| (vosotros/as) | producís | habéis producido | **produjisteis** | producíais |
| (ellos/as, ustedes) | producen | han producido | **produjeron** | producían |

| | INDICATIVO | | | SUBJUNTIVO |
|---|---|---|---|---|
| | Pretérito pluscuamperfecto | Futuro imperfecto | Condicional simple | Presente |
| (yo) | había producido | produciré | produciría | **produzca** |
| (tú) | habías producido | producirás | producirías | **produzcas** |
| (él, ella, usted) | había producido | producirá | produciría | **produzca** |
| (nosotros/as) | habíamos producido | produciremos | produciríamos | **produzcamos** |
| (vosotros/as) | habíais producido | produciréis | produciríais | **produzcáis** |
| (ellos/as, ustedes) | habían producido | producirán | producirían | **produzcan** |

## 27. QUERER

| Formas no personales | Imperativo |
|---|---|
| Infinitivo: querer<br>Gerundio: queriendo<br>Participio: querido | **quiere** (tú)          quered (vosotros/as)<br>**quiera** (usted)   **quieran** (ustedes) |

### INDICATIVO

| | Presente | Pretérito perfecto | Pretérito indefinido | Pretérito imperfecto |
|---|---|---|---|---|
| (yo) | **quiero** | he querido | **quise** | quería |
| (tú) | **quieres** | has querido | **quisiste** | querías |
| (él, ella, usted) | **quiere** | ha querido | **quiso** | quería |
| (nosotros/as) | queremos | hemos querido | **quisimos** | queríamos |
| (vosotros/as) | queréis | habéis querido | **quisisteis** | queríais |
| (ellos/as, ustedes) | **quieren** | han querido | **quisieron** | querían |

| | INDICATIVO | | | SUBJUNTIVO |
|---|---|---|---|---|
| | Pretérito pluscuamperfecto | Futuro imperfecto | Condicional simple | Presente |
| (yo) | había querido | **querré** | **querría** | **quiera** |
| (tú) | habías querido | **querrás** | **querrías** | **quieras** |
| (él, ella, usted) | había querido | **querrá** | **querría** | **quiera** |
| (nosotros/as) | habíamos querido | **querremos** | **querríamos** | queramos |
| (vosotros/as) | habíais querido | **querréis** | **querríais** | queráis |
| (ellos/as, ustedes) | habían querido | **querrán** | **querrían** | **quieran** |

## 28. REÍR

| Formas no personales | Imperativo | |
|---|---|---|
| Infinitivo: reír | ríe (tú) | reíd (vosotros/as) |
| Gerundio: **riendo** | ría (usted) | rían (ustedes) |
| Participio: reído | | |

### INDICATIVO

| | Presente | Pretérito perfecto | Pretérito indefinido | Pretérito imperfecto |
|---|---|---|---|---|
| (yo) | río | he reído | reí | reía |
| (tú) | ríes | has reído | reíste | reías |
| (él, ella, usted) | ríe | ha reído | rio | reía |
| (nosotros/as) | reímos | hemos reído | reímos | reíamos |
| (vosotros/as) | reís | habéis reído | reísteis | reíais |
| (ellos/as, ustedes) | ríen | han reído | rieron | reían |

| | INDICATIVO | | | SUBJUNTIVO |
|---|---|---|---|---|
| | Pretérito pluscuamperfecto | Futuro imperfecto | Condicional simple | Presente |
| (yo) | había reído | reiré | reiría | ría |
| (tú) | habías reído | reirás | reirías | rías |
| (él, ella, usted) | había reído | reirá | reiría | ría |
| (nosotros/as) | habíamos reído | reiremos | reiríamos | riamos |
| (vosotros/as) | habíais reído | reiréis | reiríais | riáis |
| (ellos/as, ustedes) | habían reído | reirán | reirían | rían |

## 29. SABER

| Formas no personales | Imperativo | |
|---|---|---|
| Infinitivo: saber | sabe (tú) | sabed (vosotros/as) |
| Gerundio: sabiendo | sepa (usted) | sepan (ustedes) |
| Participio: sabido | | |

### INDICATIVO

| | Presente | Pretérito perfecto | Pretérito indefinido | Pretérito imperfecto |
|---|---|---|---|---|
| (yo) | sé | he sabido | supe | sabía |
| (tú) | sabes | has sabido | supiste | sabías |
| (él, ella, usted) | sabe | ha sabido | supo | sabía |
| (nosotros/as) | sabemos | hemos sabido | supimos | sabíamos |
| (vosotros/as) | sabéis | habéis sabido | supisteis | sabíais |
| (ellos/as, ustedes) | saben | han sabido | supieron | sabían |

| | INDICATIVO | | | SUBJUNTIVO |
|---|---|---|---|---|
| | Pretérito pluscuamperfecto | Futuro imperfecto | Condicional simple | Presente |
| (yo) | había sabido | sabré | sabría | sepa |
| (tú) | habías sabido | sabrás | sabrías | sepas |
| (él, ella, usted) | había sabido | sabrá | sabría | sepa |
| (nosotros/as) | habíamos sabido | sabremos | sabríamos | sepamos |
| (vosotros/as) | habíais sabido | sabréis | sabríais | sepáis |
| (ellos/as, ustedes) | habían sabido | sabrán | sabrían | sepan |

## 30. SALIR

| Formas no personales | Imperativo | |
|---|---|---|
| Infinitivo: salir<br>Gerundio: saliendo<br>Participio: salido | **sal** (tú)<br>**salga** (usted) | salid (vosotros/as)<br>**salgan** (ustedes) |

### INDICATIVO

| | Presente | Pretérito perfecto | Pretérito indefinido | Pretérito imperfecto |
|---|---|---|---|---|
| (yo) | **salgo** | he salido | salí | salía |
| (tú) | sales | has salido | saliste | salías |
| (él, ella, usted) | sale | ha salido | salió | salía |
| (nosotros/as) | salimos | hemos salido | salimos | salíamos |
| (vosotros/as) | salís | habéis salido | salisteis | salíais |
| (ellos/as, ustedes) | salen | han salido | salieron | salían |

### INDICATIVO / SUBJUNTIVO

| | Pretérito pluscuamperfecto | Futuro imperfecto | Condicional simple | Presente |
|---|---|---|---|---|
| (yo) | había salido | **saldré** | **saldría** | salga |
| (tú) | habías salido | **saldrás** | **saldrías** | salgas |
| (él, ella, usted) | había salido | **saldrá** | **saldría** | salga |
| (nosotros/as) | habíamos salido | **saldremos** | **saldríamos** | salgamos |
| (vosotros/as) | habíais salido | **saldréis** | **saldríais** | salgáis |
| (ellos/as, ustedes) | habían salido | **saldrán** | **saldrían** | salgan |


## 31. SENTIR

| Formas no personales | Imperativo | |
|---|---|---|
| Infinitivo: sentir<br>Gerundio: **sintiendo**<br>Participio: sentido | **siente** (tú)<br>**sienta** (usted) | sentid (vosotros/as)<br>**sientan** (ustedes) |

### INDICATIVO

| | Presente | Pretérito perfecto | Pretérito indefinido | Pretérito imperfecto |
|---|---|---|---|---|
| (yo) | **siento** | he sentido | sentí | sentía |
| (tú) | **sientes** | has sentido | sentiste | sentías |
| (él, ella, usted) | **siente** | ha sentido | **sintió** | sentía |
| (nosotros/as) | sentimos | hemos sentido | sentimos | sentíamos |
| (vosotros/as) | sentís | habéis sentido | sentisteis | sentíais |
| (ellos/as, ustedes) | **sienten** | han sentido | **sintieron** | sentían |

### INDICATIVO / SUBJUNTIVO

| | Pretérito pluscuamperfecto | Futuro imperfecto | Condicional simple | Presente |
|---|---|---|---|---|
| (yo) | había sentido | sentiré | sentiría | **sienta** |
| (tú) | habías sentido | sentirás | sentirías | **sientas** |
| (él, ella, usted) | había sentido | sentirá | sentiría | **sienta** |
| (nosotros/as) | habíamos sentido | sentiremos | sentiríamos | **sintamos** |
| (vosotros/as) | habíais sentido | sentiréis | sentiríais | **sintáis** |
| (ellos/as, ustedes) | habían sentido | sentirán | sentirían | **sientan** |

## 32. SER

| Formas no personales | Imperativo | |
|---|---|---|
| Infinitivo: ser | **sé** (tú) | **sed** (vosotros/as) |
| Gerundio: siendo | **sea** (usted) | **sean** (ustedes) |
| Participio: sido | | |

### INDICATIVO

| | Presente | Pretérito perfecto | Pretérito indefinido | Pretérito imperfecto |
|---|---|---|---|---|
| (yo) | soy | he sido | fui | era |
| (tú) | eres | has sido | fuiste | eras |
| (él, ella, usted) | es | ha sido | fue | era |
| (nosotros/as) | somos | hemos sido | fuimos | éramos |
| (vosotros/as) | sois | habéis sido | fuisteis | erais |
| (ellos/as, ustedes) | son | han sido | fueron | eran |

### INDICATIVO / SUBJUNTIVO

| | Pretérito pluscuamperfecto | Futuro imperfecto | Condicional simple | Presente |
|---|---|---|---|---|
| (yo) | había sido | seré | sería | sea |
| (tú) | habías sido | serás | serías | seas |
| (él, ella, usted) | había sido | será | sería | sea |
| (nosotros/as) | habíamos sido | seremos | seríamos | seamos |
| (vosotros/as) | habíais sido | seréis | seríais | seáis |
| (ellos/as, ustedes) | habían sido | serán | serían | sean |

## 33. TENER

| Formas no personales | Imperativo | |
|---|---|---|
| Infinitivo: tener | **ten** (tú) | **tened** (vosotros/as) |
| Gerundio: teniendo | **tenga** (usted) | **tengan** (ustedes) |
| Participio: tenido | | |

### INDICATIVO

| | Presente | Pretérito perfecto | Pretérito indefinido | Pretérito imperfecto |
|---|---|---|---|---|
| (yo) | tengo | he tenido | tuve | tenía |
| (tú) | tienes | has tenido | tuviste | tenías |
| (él, ella, usted) | tiene | ha tenido | tuvo | tenía |
| (nosotros/as) | tenemos | hemos tenido | tuvimos | teníamos |
| (vosotros/as) | tenéis | habéis tenido | tuvisteis | teníais |
| (ellos/as, ustedes) | tienen | han tenido | tuvieron | tenían |

### INDICATIVO / SUBJUNTIVO

| | Pretérito pluscuamperfecto | Futuro imperfecto | Condicional simple | Presente |
|---|---|---|---|---|
| (yo) | había tenido | tendré | tendría | tenga |
| (tú) | habías tenido | tendrás | tendrías | tengas |
| (él, ella, usted) | había tenido | tendrá | tendría | tenga |
| (nosotros/as) | habíamos tenido | tendremos | tendríamos | tengamos |
| (vosotros/as) | habíais tenido | tendréis | tendríais | tengáis |
| (ellos/as, ustedes) | habían tenido | tendrán | tendrían | tengan |

## 34. TRAER

| Formas no personales | Imperativo |
|---|---|
| Infinitivo: traer<br>Gerundio: **trayendo**<br>Participio: traído | trae (tú)     traed (vosotros/as)<br>**traiga** (usted)    **traigan** (ustedes) |

### INDICATIVO

| | Presente | Pretérito perfecto | Pretérito indefinido | Pretérito imperfecto |
|---|---|---|---|---|
| (yo) | **traigo** | he traído | **traje** | traía |
| (tú) | traes | has traído | **trajiste** | traías |
| (él, ella, usted) | trae | ha traído | **trajo** | traía |
| (nosotros/as) | traemos | hemos traído | **trajimos** | traíamos |
| (vosotros/as) | traéis | habéis traído | **trajisteis** | traíais |
| (ellos/as, ustedes) | traen | han traído | **trajeron** | traían |

| INDICATIVO | | | | SUBJUNTIVO |
|---|---|---|---|---|
| | Pretérito pluscuamperfecto | Futuro imperfecto | Condicional simple | Presente |
| (yo) | había traído | traeré | traería | **traiga** |
| (tú) | habías traído | traerás | traerías | **traigas** |
| (él, ella, usted) | había traído | traerá | traería | **traiga** |
| (nosotros/as) | habíamos traído | traeremos | traeríamos | **traigamos** |
| (vosotros/as) | habíais traído | traeréis | traeríais | **traigáis** |
| (ellos/as, ustedes) | habían traído | traerán | traerían | **traigan** |

## 35. VALER

| Formas no personales | Imperativo |
|---|---|
| Infinitivo: valer<br>Gerundio: valiendo<br>Participio: valido | vale (tú)     valed (vosotros/as)<br>**valga** (usted)    **valgan** (ustedes) |

### INDICATIVO

| | Presente | Pretérito perfecto | Pretérito indefinido | Pretérito imperfecto |
|---|---|---|---|---|
| (yo) | **valgo** | he valido | valí | valía |
| (tú) | vales | has valido | valiste | valías |
| (él, ella, usted) | vale | ha valido | valió | valía |
| (nosotros/as) | valemos | hemos valido | valimos | valíamos |
| (vosotros/as) | valéis | habéis valido | valisteis | valíais |
| (ellos/as, ustedes) | valen | han valido | valieron | valían |

| INDICATIVO | | | | SUBJUNTIVO |
|---|---|---|---|---|
| | Pretérito pluscuamperfecto | Futuro imperfecto | Condicional simple | Presente |
| (yo) | había valido | **valdré** | **valdría** | **valga** |
| (tú) | habías valido | **valdrás** | **valdrías** | **valgas** |
| (él, ella, usted) | había valido | **valdrá** | **valdría** | **valga** |
| (nosotros/as) | habíamos valido | **valdremos** | **valdríamos** | **valgamos** |
| (vosotros/as) | habíais valido | **valdréis** | **valdríais** | **valgáis** |
| (ellos/as, ustedes) | habían valido | **valdrán** | **valdrían** | **valgan** |

## 36. VENIR

| Formas no personales | Imperativo | |
|---|---|---|
| Infinitivo: venir<br>Gerundio: **viniendo**<br>Participio: venido | **ven** (tú)<br>**venga** (usted) | **venid** (vosotros/as)<br>**vengan** (ustedes) |

### INDICATIVO

| | Presente | Pretérito perfecto | Pretérito indefinido | Pretérito imperfecto |
|---|---|---|---|---|
| (yo) | **vengo** | he venido | **vine** | venía |
| (tú) | **vienes** | has venido | **viniste** | venías |
| (él, ella, usted) | **viene** | ha venido | **vino** | venía |
| (nosotros/as) | venimos | hemos venido | **vinimos** | veníamos |
| (vosotros/as) | venís | habéis venido | **vinisteis** | veníais |
| (ellos/as, ustedes) | **vienen** | han venido | **vinieron** | venían |

### INDICATIVO / SUBJUNTIVO

| | Pretérito pluscuamperfecto | Futuro imperfecto | Condicional simple | Presente |
|---|---|---|---|---|
| (yo) | había venido | **vendré** | **vendría** | **venga** |
| (tú) | habías venido | **vendrás** | **vendrías** | **vengas** |
| (él, ella, usted) | había venido | **vendrá** | **vendría** | **venga** |
| (nosotros/as) | habíamos venido | **vendremos** | **vendríamos** | **vengamos** |
| (vosotros/as) | habíais venido | **vendréis** | **vendríais** | **vengáis** |
| (ellos/as, ustedes) | habían venido | **vendrán** | **vendrían** | **vengan** |

## 37. VER

| Formas no personales | Imperativo | |
|---|---|---|
| Infinitivo: ver<br>Gerundio: **viendo**<br>Participio: **visto** | ve (tú)<br>**vea** (usted) | ved (vosotros/as)<br>**vean** (ustedes) |

### INDICATIVO

| | Presente | Pretérito perfecto | Pretérito indefinido | Pretérito imperfecto |
|---|---|---|---|---|
| (yo) | **veo** | he **visto** | vi | **veía** |
| (tú) | ves | has **visto** | viste | **veías** |
| (él, ella, usted) | ve | ha **visto** | vio | **veía** |
| (nosotros/as) | vemos | hemos **visto** | vimos | **veíamos** |
| (vosotros/as) | veis | habéis **visto** | visteis | **veíais** |
| (ellos/as, ustedes) | ven | han **visto** | vieron | **veían** |

### INDICATIVO / SUBJUNTIVO

| | Pretérito pluscuamperfecto | Futuro imperfecto | Condicional simple | Presente |
|---|---|---|---|---|
| (yo) | había **visto** | veré | vería | **vea** |
| (tú) | habías **visto** | verás | verías | **veas** |
| (él, ella, usted) | había **visto** | verá | vería | **vea** |
| (nosotros/as) | habíamos **visto** | veremos | veríamos | **veamos** |
| (vosotros/as) | habíais **visto** | veréis | veríais | **veáis** |
| (ellos/as, ustedes) | habían **visto** | verán | verían | **vean** |

## 3.13.12. Lista de verbos con remisiones*

| Verbo | T.* | Modelo |
|---|---|---|
| Abrir | 3 | Vivir |
| Aburrir(se) | 3 | Vivir |
| | 4 | Levantarse |
| Acabar | 1 | Hablar |
| Aceptar | 1 | Hablar |
| Aconsejar | 1 | Hablar |
| Acordar(se) | 8 | Contar |
| | 4 | Levantarse |
| Acortar | 1 | Hablar |
| Acostar(se) | 8 | Contar |
| | 4 | Levantarse |
| Adelgazar | 1 | Hablar |
| Adivinar | 1 | Hablar |
| Adornar | 1 | Hablar |
| Afeitar(se) | 1 | Hablar |
| | 4 | Levantarse |
| Afilar | 1 | Hablar |
| Agachar(se) | 1 | Hablar |
| | 4 | Levantarse |
| Agradecer | 7 | Conocer |
| Ahorrar | 1 | Hablar |
| Alegrar(se) | 1 | Hablar |
| | 4 | Levantarse |
| Alquilar | 1 | Hablar |
| Analizar | 1 | Hablar |
| Andar | 5 | Andar |
| Anotar | 1 | Hablar |
| Añadir | 3 | Vivir |
| Apagar | 1 | Hablar |

| Verbo | T. | Modelo |
|---|---|---|
| Aparecer | 7 | Conocer |
| Apellidar(se) | 1 | Hablar |
| | 4 | Levantarse |
| Apetecer | 7 | Conocer |
| Aprender | 2 | Aprender |
| Aprobar | 8 | Contar |
| Apuntar(se) | 1 | Hablar |
| | 4 | Levantarse |
| Arreglar(se) | 1 | Hablar |
| | 4 | Levantarse |
| Asistir | 3 | Vivir |
| Avanzar | 1 | Hablar |
| Averiguar | 1 | Hablar |
| Ayudar | 1 | Hablar |
| Bailar | 1 | Hablar |
| Bajar | 1 | Hablar |
| Bañar(se) | 1 | Hablar |
| | 4 | Levantarse |
| Barrer | 2 | Aprender |
| Beber | 2 | Aprender |
| Besar | 1 | Hablar |
| Borrar | 1 | Hablar |
| Buscar | 1 | Hablar |
| Caber | 6 | Caber |
| Calcular | 1 | Hablar |
| Callar(se) | 1 | Hablar |
| | 4 | Levantarse |

| Verbo | T. | Modelo |
|---|---|---|
| Cambiar | 1 | Hablar |
| Cantar | 1 | Hablar |
| Casar(se) | 1 | Hablar |
| | 4 | Levantarse |
| Celebrar | 1 | Hablar |
| Cenar | 1 | Hablar |
| Cerrar | 22 | Pensar |
| Cobrar | 1 | Hablar |
| Cocinar | 1 | Hablar |
| Coger | 2 | Aprender |
| Colaborar | 1 | Hablar |
| Colgar | 8 | Contar |
| Colocar | 1 | Hablar |
| Colorear | 1 | Hablar |
| Comentar | 1 | Hablar |
| Comenzar | 22 | Pensar |
| Comer | 2 | Aprender |
| Comparar | 1 | Hablar |
| Completar | 1 | Hablar |
| Comprar | 1 | Hablar |
| Comprender | 2 | Aprender |
| Comprobar | 8 | Contar |
| Comunicar | 1 | Hablar |
| Conducir | 26 | Producir |
| Confundir(se) | 3 | Vivir |
| | 4 | Levantarse |
| Conocer | 7 | Conocer |

* En algunos verbos se remite a la tabla de su modelo morfológico y a la de su modelo como verbo reflexivo o pronominal.

| Verbo | T. | Modelo |
|---|---|---|
| Conseguir | 21 | Pedir |
| Construir | 9 | Construir |
| Consultar | 1 | Hablar |
| Contar | 8 | Contar |
| Contestar | 1 | Hablar |
| Continuar | 1 | Hablar |
| Copiar | 1 | Hablar |
| Corregir | 21 | Pedir |
| Correr | 2 | Aprender |
| Cortar | 1 | Hablar |
| Costar | 8 | Contar |
| Crecer | 7 | Conocer |
| Creer | 18 | Leer |
| Cruzar | 1 | Hablar |
| Cubrir | 3 | Vivir |
| Cuidar | 1 | Hablar |
| Curar(se) | 1 | Hablar |
| | 4 | Levantarse |
| Cursar | 1 | Hablar |
| Charlar | 1 | Hablar |
| *Chatear* | 1 | Hablar |
| Dar | 10 | Dar |
| Deber | 2 | Aprender |
| Decidir | 3 | Vivir |
| Decir | 11 | Decir |
| Dedicar(se) | 1 | Hablar |
| | 4 | Levantarse |
| Dejar | 1 | Hablar |
| Deletrear | 1 | Hablar |
| Desarrollar | 1 | Hablar |

| Verbo | T. | Modelo |
|---|---|---|
| Desayunar | 1 | Hablar |
| Descansar | 1 | Hablar |
| Describir | 3 | Vivir |
| Descubrir | 3 | Vivir |
| Desnudar(se) | 1 | Hablar |
| | 4 | Levantarse |
| Despedir(se) | 21 | Pedir |
| | 4 | Levantarse |
| Despertar(se) | 22 | Pensar |
| | 4 | Levantarse |
| Desplazar(se) | 1 | Hablar |
| | 4 | Levantarse |
| Devolver | 19 | Mover |
| Dibujar | 1 | Hablar |
| Dictar | 1 | Hablar |
| Disculpar(se) | 1 | Hablar |
| | 4 | Levantarse |
| Discutir | 3 | Vivir |
| Disfrutar | 1 | Hablar |
| Distinguir | 3 | Vivir |
| Distribuir | 9 | Construir |
| Divertir(se) | 31 | Sentir |
| | 4 | Levantarse |
| Dividir | 3 | Vivir |
| Doblar | 1 | Hablar |
| Doler | 19 | Mover |
| Dormir | 12 | Dormir |
| Duchar(se) | 1 | Hablar |
| | 4 | Levantarse |
| Durar | 1 | Hablar |
| Echar | 1 | Hablar |
| Elaborar | 1 | Hablar |
| Elegir | 21 | Pedir |

| Verbo | T. | Modelo |
|---|---|---|
| Eliminar | 1 | Hablar |
| Empezar | 22 | Pensar |
| Empujar | 1 | Hablar |
| Encantar | 1 | Hablar |
| Encargar(se) | 1 | Hablar |
| | 4 | Levantarse |
| Encender | 23 | Perder |
| Encontrar(se) | 8 | Contar |
| | 4 | Levantarse |
| Enfadar(se) | 1 | Hablar |
| | 4 | Levantarse |
| Engañar | 1 | Hablar |
| Engordar | 1 | Hablar |
| Enseñar | 1 | Hablar |
| Entender | 23 | Perder |
| Entrar | 1 | Hablar |
| Entregar | 1 | Hablar |
| Enviar | 1 | Hablar |
| Envolver | 19 | Mover |
| Equivocar(se) | 1 | Hablar |
| | 4 | Levantarse |
| Escapar(se) | 1 | Hablar |
| | 4 | Levantarse |
| Esconder(se) | 2 | Aprender |
| | 4 | Levantarse |
| Escribir | 3 | Vivir |
| Escuchar | 1 | Hablar |
| Esperar | 1 | Hablar |
| Estar | 13 | Estar |
| Estropear(se) | 1 | Hablar |
| | 4 | Levantarse |
| Estudiar | 1 | Hablar |

| Verbo | T. | Modelo |
|---|---|---|
| Evitar | 1 | Hablar |
| Existir | 3 | Vivir |
| Explicar | 1 | Hablar |
| Expresar | 1 | Hablar |
| Faltar | 1 | Hablar |
| Felicitar | 1 | Hablar |
| Fijar(se) | 1 | Hablar |
| | 4 | Levantarse |
| Firmar | 1 | Hablar |
| Formar | 1 | Hablar |
| Fregar | 22 | Pensar |
| Freír | 28 | Reír |
| Frenar | 1 | Hablar |
| Fumar | 1 | Hablar |
| Funcionar | 1 | Hablar |
| Ganar | 1 | Hablar |
| Gastar | 1 | Hablar |
| Girar | 1 | Hablar |
| Gritar | 1 | Hablar |
| Guardar | 1 | Hablar |
| Gustar | 1 | Hablar |
| Haber | 14 | Haber |
| Hablar | 1 | Hablar |
| Hacer | 15 | Hacer |
| Identificar | 1 | Hablar |
| Ilustrar | 1 | Hablar |
| Imaginar | 1 | Hablar |
| Importar | 1 | Hablar |

| Verbo | T. | Modelo |
|---|---|---|
| Imprimir | 3 | Vivir |
| Incluir | 9 | Construir |
| Indicar | 1 | Hablar |
| Informar | 1 | Hablar |
| Insultar | 1 | Hablar |
| Intentar | 1 | Hablar |
| Intercambiar | 1 | Hablar |
| Invitar | 1 | Hablar |
| Ir(se) | 16 | Ir |
| | 4 | Levantarse |
| Jugar | 17 | Jugar |
| Juntar | 1 | Hablar |
| Justificar | 1 | Hablar |
| Lavar(se) | 1 | Hablar |
| | 4 | Levantarse |
| Leer | 18 | Leer |
| Levantar(se) | 1 | Hablar |
| | 4 | Levantarse |
| Llamar(se) | 1 | Hablar |
| | 4 | Levantarse |
| Llegar | 1 | Hablar |
| Llenar | 1 | Hablar |
| Llevar(se) | 1 | Hablar |
| | 4 | Levantarse |
| Llorar | 1 | Hablar |
| Llover | 19 | Mover |
| Madrugar | 1 | Hablar |
| Marcar | 1 | Hablar |
| Marchar(se) | 1 | Hablar |
| | 4 | Levantarse |
| Marear(se) | 1 | Hablar |
| | 4 | Levantarse |

| Verbo | T. | Modelo |
|---|---|---|
| Matar | 1 | Hablar |
| Matricular(se) | 1 | Hablar |
| | 4 | Levantarse |
| Medir | 21 | Pedir |
| Mejorar | 1 | Hablar |
| Memorizar | 1 | Hablar |
| Mencionar | 1 | Hablar |
| Mentir | 31 | Sentir |
| Merendar | 22 | Pensar |
| Meter | 2 | Aprender |
| Mirar | 1 | Hablar |
| Mojar(se) | 1 | Hablar |
| | 4 | Levantarse |
| Molestar | 1 | Hablar |
| Montar(se) | 1 | Hablar |
| | 4 | Levantarse |
| Morder | 19 | Mover |
| Morir | 12 | Dormir |
| Mover(se) | 19 | Mover |
| | 4 | Levantarse |
| Nacer | 7 | Conocer |
| Nadar | 1 | Hablar |
| Narrar | 1 | Hablar |
| Necesitar | 1 | Hablar |
| Nevar | 22 | Pensar |
| Obedecer | 7 | Conocer |
| Obligar | 1 | Hablar |
| Observar | 1 | Hablar |
| Obtener | 33 | Tener |
| Ocupar(se) | 1 | Hablar |
| | 4 | Levantarse |

| Verbo | T. | Modelo | Verbo | T. | Modelo | Verbo | T. | Modelo |
|---|---|---|---|---|---|---|---|---|
| Odiar | 1 | Hablar | Poder | 24 | Poder | Recibir | 3 | Vivir |
| Ofrecer | 7 | Conocer | Poner(se) | 25 | Poner | Recoger | 2 | Aprender |
| Oír | 20 | Oír | | 4 | Levantarse | Recomendar | 22 | Pensar |
| Oler | 19 | Mover | Portar(se) | 1 | Hablar | Reconocer | 7 | Conocer |
| Olvidar | 1 | Hablar | | 4 | Levantarse | Recordar | 8 | Contar |
| Opinar | 1 | Hablar | Practicar | 1 | Hablar | Recortar | 1 | Hablar |
| Ordenar | 1 | Hablar | Preferir | 31 | Sentir | Redactar | 1 | Hablar |
| Organizar | 1 | Hablar | Preguntar | 1 | Hablar | Reflejar | 1 | Hablar |
| Pagar | 1 | Hablar | Preocupar(se) | 1 | Hablar | Regalar | 1 | Hablar |
| Parar(se) | 1 | Hablar | | 4 | Levantarse | Reír(se) | 28 | Reír |
| | 4 | Levantarse | Preparar | 1 | Hablar | | 4 | Levantarse |
| Parecer(se) | 7 | Conocer | Presentar(se) | 1 | Hablar | Relacionar(se) | 1 | Hablar |
| | 4 | Levantarse | | 4 | Levantarse | | 4 | Levantarse |
| Participar | 1 | Hablar | Prestar | 1 | Hablar | Rellenar | 1 | Hablar |
| Partir | 3 | Vivir | Probar(se) | 8 | Contar | Repartir | 3 | Vivir |
| Pasar | 1 | Hablar | | 4 | Levantarse | Repasar | 1 | Hablar |
| Pasear | 1 | Hablar | Producir | 26 | Producir | Repetir | 21 | Pedir |
| Patinar | 1 | Hablar | Prohibir | 3 | Vivir | Responder | 2 | Aprender |
| Pedir | 21 | Pedir | Prometer | 2 | Aprender | Representar | 1 | Hablar |
| Peinar(se) | 1 | Hablar | Pronunciar | 1 | Hablar | Reptar | 1 | Hablar |
| | 4 | Levantarse | Proponer | 25 | Poner | Responder | 2 | Aprender |
| Pelar | 1 | Hablar | Protestar | 1 | Hablar | Resumir | 3 | Vivir |
| Pelear(se) | 1 | Hablar | Quedar(se) | 4 | Levantarse | Retrasar(se) | 1 | Hablar |
| | 4 | Levantarse | Quejarse | 4 | Levantarse | | 4 | Levantarse |
| Pensar | 22 | Pensar | Querer | 27 | Querer | Reunir(se) | 3 | Vivir |
| Perder(se) | 23 | Perder | Quitar(se) | 1 | Hablar | | 4 | Levantarse |
| | 4 | Levantarse | | 4 | Levantarse | Revisar | 1 | Hablar |
| Pertenecer | 7 | Conocer | Realizar | 1 | Hablar | Robar | 1 | Hablar |
| Pesar | 1 | Hablar | Rechazar | 1 | Hablar | Romper | 2 | Aprender |
| Pintar | 1 | Hablar | | | | | | |
| Pisar | 1 | Hablar | | | | | | |
| Planchar | 1 | Hablar | | | | | | |

| Verbo | T. | Modelo |
|---|---|---|
| Saber | 29 | Saber |
| Sacar | 1 | Hablar |
| Salir | 30 | Salir |
| Saltar | 1 | Hablar |
| Saludar | 1 | Hablar |
| Secar(se) | 1 | Hablar |
| | 4 | Levantarse |
| Seguir | 21 | Pedir |
| Sentar(se) | 22 | Pensar |
| | 4 | Levantarse |
| Sentir(se) | 31 | Sentir |
| | 4 | Levantarse |
| Señalar | 1 | Hablar |
| Ser | 32 | Ser |
| Servir | 21 | Pedir |
| Significar | 1 | Hablar |
| Soler | 19 | Mover |
| Solicitar | 1 | Hablar |
| Sonreír | 28 | Reír |

| Verbo | T. | Modelo |
|---|---|---|
| Soñar | 8 | Contar |
| Sostener | 33 | Tener |
| Subir | 3 | Vivir |
| Subrayar | 1 | Hablar |
| Suceder | 2 | Aprender |
| Sugerir | 31 | Sentir |
| Sumar | 1 | Hablar |
| Suspender | 2 | Aprender |
| Tachar | 1 | Hablar |
| Tardar | 1 | Hablar |
| Tener | 33 | Tener |
| Terminar | 1 | Hablar |
| Tirar | 1 | Hablar |
| Tocar | 1 | Hablar |
| Tomar(se) | 1 | Hablar |
| | 4 | Levantarse |
| Toser | 2 | Aprender |
| Trabajar | 1 | Hablar |

| Verbo | T. | Modelo |
|---|---|---|
| Traducir | 26 | Producir |
| Traer | 34 | Traer |
| Tratar | 1 | Hablar |
| Ubicar | 1 | Hablar |
| Usar | 1 | Hablar |
| Utilizar | 1 | Hablar |
| Valer | 35 | Valer |
| Vender | 2 | Aprender |
| Venir | 36 | Venir |
| Veranear | 1 | Hablar |
| Ver(se) | 37 | Ver |
| | 4 | Levantarse |
| Vestir(se) | 21 | Pedir |
| | 4 | Levantarse |
| Viajar | 1 | Hablar |
| Visitar | 1 | Hablar |
| Vivir | 3 | Vivir |
| Volar | 8 | Contar |
| Volver | 19 | Mover |

## Participios irregulares

| Verbo | Participio irregular | Verbo | Participio irregular |
|---|---|---|---|
| abrir | abierto | morir | muerto |
| cubrir | cubierto | poner** | puesto |
| decir | dicho | resolver*** | resuelto |
| escribir* | escrito | | |
| freír | frito | romper | roto |
| hacer | hecho | ver | visto |
| imprimir | impreso | volver | vuelto |

* También *describir, descubrir...*
** También *disponer, proponer...*
*** También *devolver, envolver...*

# 3.14. Las oraciones

## 3.14.1. Oraciones coordinadas

La coordinación es la unión por medio de un elemento de enlace de sintagmas que realizan la misma función sintáctica, o bien de oraciones que son sintácticamente independientes: *En clase se puede preguntar al profesor y consultar el diccionario.* Las palabras que realizan la función de enlace son las conjunciones coordinantes.

Hay cuatro clases de oraciones coordinadas: las oraciones copulativas, las oraciones disyuntivas, las oraciones adversativas y las oraciones distributivas.

### 3.14.1.1. Oraciones copulativas

Estas oraciones dan idea de suma o acumulación, y las oraciones que las integran se unen mediante las conjunciones copulativas *y, e, ni*: *A mí me interesa mucho la literatura francesa y quiero poder leer a mis autores favoritos en su lengua.*

La conjunción *y* se convierte en *e* cuando la palabra siguiente empieza por el sonido /i/, ya sea escrito con *i-* o bien con *hi-*: *María e Inés ya han llegado, Mi hermana estudia Geografía e Historia.*

La conjunción *ni* une proposiciones negativas: *No coma grasas ni beba, Ni ha venido ni ha dicho nada.*

### 3.14.1.2. Oraciones disyuntivas

Estas oraciones dan idea de opción o elección. Se unen mediante las conjunciones disyuntivas *o, u*: *¿Vas a venir andando o vas a coger el autobús?*

La conjunción *o* se convierte en *u* cuando la palabra siguiente empieza por el sonido /o/, ya sea escrito con *o-* o bien con *ho-*: *Quería siete u ocho manzanas, No sé si salir mañana u hoy.*

### 3.14.1.3. Oraciones adversativas

Dan idea de contraposición, y las oraciones que las integran se unen mediante la conjunción adversativa *pero*: *No me acuerdo del primer partido que perdimos, pero sí recuerdo el primero que ganamos.*

### 3.14.1.4. Oraciones distributivas

Son oraciones en las que se presentan términos diversos que se dan como opciones. Estas oraciones se unen mediante *unos… otros*: *Unos son morenos, otros son rubios.*

## 3.14.2. Oraciones subordinadas

Las oraciones subordinadas son las que contienen una oración que depende sintácticamente de otra oración, llamada principal: *Creo que tienes razón, Está cansado porque no duerme bien.*

Según la relación que se establece entre las dos oraciones, se pueden distinguir varias clases de oraciones subordinadas.

### 3.14.2.1. Oraciones subordinadas sustantivas

Son las oraciones que realizan las funciones propias de un sustantivo. De esta forma, la oración subordinada sustantiva será el sujeto, el objeto directo, el objeto indirecto, etc., de la oración principal.

Estas oraciones pueden ir introducidas, entre otras, por la conjunción completiva *que*: *Quiero que vengas a mi fiesta*; o por la conjunción completiva *si*: *No sé si me gustará*; o por los relativos *que* o *quien* sin antecedente expreso: *Quien mucho abarca, poco aprieta.*

### 3.14.2.1.1. Tipos de oraciones subordinadas sustantivas

Las oraciones subordinadas sustantivas se clasifican según la función que desempeñan con respecto a la oración principal en:

- **Sustantivas de sujeto**: *Me gustaría **que vinieras con nosotros**, Me da miedo **volar**.*
- **Sustantivas de objeto directo**: *Te recomiendo **que hagas más ejercicio**.*
- **Sustantivas de objeto indirecto**: *Regalan una película **a quienes compren un DVD**.*
- **Sustantivas de complemento preposicional**: *Tengo miedo **de que no lleguen las maletas**.*

### 3.14.2.1.2. El modo en las oraciones subordinadas sustantivas

- Con verbos y locuciones verbales de sentimiento (*gustar, aburrir, ponerse nervioso, dar miedo, temer*, etc.) y voluntad o deseo (*querer, tener ganas, apetecer*, etc.): Se usa el infinitivo cuando el sujeto de la oración subordinada es el mismo que el de la oración principal: ***Quiero salir** esta noche a cenar*; y el subjuntivo cuando son distintos: *¿**Te apetece que salgamos** esta noche a cenar?*
- Con verbos de opinión (*pensar, creer, opinar*, etc.) y de lengua (*decir, contar*, etc.): Si el verbo de la oración principal es afirmativo, el verbo de la subordinada va en indicativo: *Yo creo que los españoles **son** muy trabajadores*; pero si el verbo de la oración principal es negativo, el de la subordinada va en subjuntivo: *Yo **no creo** que **esté** bien.*
- Expresiones con *ser/parecer* + raro, bueno, una pena... y *estar* + bien, mal... Cuando se generaliza, el verbo de la subordinada va en infinitivo: ***Es bueno hacer** ejercicio*; pero si la valoración se hace sobre un sujeto específico, el verbo va en subjuntivo: ***Es bueno que hagas** ejercicio.*
- Con expresiones de certeza (*ser/parecer* + verdad, obvio... y *estar* + claro...) se usa el indicativo si el verbo de la oración principal es afirmativo: ***Está claro** que **hace** trampas*; pero se usa el subjuntivo si el verbo de la oración principal es negativo: ***No está claro** que **haga** trampas.*

### 3.14.2.2. Oraciones subordinadas adjetivas o de relativo

Las oraciones subordinadas adjetivas o de relativo son aquellas que funcionan como un adjetivo. Este tipo de oraciones suelen ir introducidas por un relativo (*que, cual, quien...*) que se refiere a un antecedente explícito –el núcleo sustantivo al que la subordinada adjetiva complementa–: *Hay **un país de América del Norte** (antecedente) **que** tiene la ciudad más poblada del mundo.*

### 3.14.2.2.1. Tipos de oraciones subordinadas adjetivas o de relativo

Hay dos tipos de oraciones de relativo:

- **Oraciones subordinadas explicativas**: La oración subordinada explica algo del sustantivo al que se refiere: *Los amigos de Manuel, **que llegaron tarde**, le regalaron un móvil.* (Todos llegaron tarde). Suelen ir entre comas.

  Puesto que en estos casos la proposición subordinada solo tiene valor explicativo, se puede prescindir de ella sin que el significado de la oración principal varíe: *Los amigos de Manuel le regalaron un móvil.*
- **Oraciones subordinadas especificativas**: Este tipo de oraciones precisan o limitan al sustantivo al que se refieren: *Los amigos de Manuel **que llegaron tarde** le regalaron un móvil.* (Solo algunos llegaron tarde).

  En este tipo de oraciones no hay pausas entre el sustantivo y la oración, y en ningún caso se puede prescindir de ellas, pues, de otro modo, se alteraría el significado de la oración principal.

Las oraciones de relativo pueden llevar preposiciones (*en, con, de, en...*). En este caso, el artículo concuerda en género y en número con el antecedente: *Es un aparato **en el que** calentamos la comida, Es una cosa **con la que** abrimos las latas.*

### 3.14.2.3. Oraciones subordinadas adverbiales temporales

En este tipo de oraciones la oración subordinada funciona como un adverbio de tiempo y expresa el momento en el que sucede la acción expresada por la oración principal: ***Cuando** llegue, te llamaré.*

## .14.2.3.1. Tipos de oraciones subordinadas temporales

egún la relación temporal existente entre la oración subordinada y la principal, se establecen cuatro tipos e subordinadas temporales:

**Simultaneidad**: una acción ocurre o se desarrolla al mismo tiempo que otra. Algunos de los conectores que se usan son *cuando*, *mientras* y *al* + infinitivo: *Me duele muchísimo el oído **cuando** nado, **Mientras** tú llamas a los amigos, yo hago la lista de la compra.*

Las oraciones unidas por *cuando* pueden indicar que las acciones ocurren a la vez: ***Cuando** lo vi, pensé en ti*, o que ocurren de manera secuencial, es decir, una acción sigue a la otra: ***Cuando** llegue al hotel, me voy a dar una ducha.*

**Anterioridad**: un hecho es anterior a otro. Se usa el conector *antes de (que)*: ***Antes de** llegar, te llamo, **Antes de que** llegue Pedro, quiero hablar contigo.*

**Posterioridad**: un hecho es posterior a otro. Se usan los conectores: *después de (que), nada más, en cuanto* y *tan pronto como*: ***Después de** hacer el examen, me iré a celebrarlo, **En cuanto** llegue a Madrid, te llamaré.*

**Delimitación**: un hecho es el límite temporal de otro. Algunos de los conectores que se usan son *desde que* y *hasta que*: ***Desde que** se marchó, no he tenido noticias de ella, **Hasta que** no me pida perdón, no volveré a hablarle.*

## .14.2.3.2. El modo del verbo en las oraciones temporales

Se usa el **indicativo** cuando se refieren al presente o al pasado: *No he vuelto a verlo desde que **se marchó**.*

Se usa el **subjuntivo** cuando se refieren al futuro: *Te esperaré aquí hasta que **vengas**.*

Se usa el **infinitivo** cuando el sujeto de cada una de las acciones es el mismo: *Llámame antes de **salir** del trabajo.*

## .14.2.4. Oraciones subordinadas de lugar

xpresan una circunstancia de lugar referida a la oración principal: *Un día viviré **donde** no haya contaminación ni idos.* Van introducidas por el enlace subordinante *donde* (sin antecedente) precedido o no de preposición: *Voy onde dices, Vengo **de donde** ya sabes.*

## .14.2.5. Oraciones subordinadas de modo

xpresan una circunstancia de modo referida a la oración principal. El nexo más frecuente es el adverbio relativo omo (sin antecedente): *Lo hice **como** tú me dijiste.*

## .14.2.6. Oraciones subordinadas causales

irven para expresar la causa, motivo o razón de lo que se enuncia en la oración principal. Este tipo de oraciones an introducidas por conjunciones como *porque, como, por* + infinitivo: *No vamos a comprar jamón, **porque** está uy caro, **Como** los langostinos están a 30 €, los podemos comprar congelados, que son más baratos.*

as oraciones causales introducidas por *porque* van siempre detrás de la oración principal, y las oraciones troducidas por *como* van siempre delante de la oración principal.

## .14.2.7. Oraciones subordinadas finales

ste tipo de oraciones significan finalidad o intención. Suelen ir introducidas, entre otros nexos, or la preposición *para* o la locución conjuntiva *para que*: *No debemos poner mucho el aire acondicionado **para** horrar energía.*

i el sujeto del verbo de la oración principal es distinto del sujeto de la oración subordinada, se usa *para que* + ubjuntivo: *Debemos cuidar el medio ambiente **para que** nuestros hijos puedan disfrutar de un mundo mejor.*

stas oraciones también tienen el significado de utilidad. En este caso, en la oración principal suelen aparecer erbos de utilidad del tipo *servir* o *usar*: *Las tijeras sirven para cortar papel, tela…*

### 3.14.2.8. Oraciones subordinadas condicionales

Las oraciones condicionales sirven para expresar la condición necesaria para que se realice la acción de la oración principal. Van introducidas por la conjunción *si*: *Si llego pronto del trabajo, nos vamos al cine.*

Cuando se hace referencia a hechos que el hablante piensa que pueden suceder, se usa la estructura «*si* + presente, presente/futuro»: *Si **tiene** fiebre, **puede** tomar una pastilla de antitérmico cada seis horas, Si los vecinos **protestan**, **pondremos** música lenta.*

Con la estructura «*si* + presente, presente» el hablante también puede hacer referencia a hechos que considera habituales y lógicos: *Si **quiero** animar a mis amigos, **pongo** rock o pop.* En estos casos la conjunción *si* equivale a *cuando*.

La estructura «*si* + presente, imperativo» se usa para expresar una condición para una orden o mandato: *Si **continúan** los dolores, **vuelva**.*

### 3.14.2.9. Oraciones consecutivas

Este tipo de oraciones indican una consecuencia o deducción que se desprende de lo enunciado en la oración principal. Se suelen unir mediante los nexos y conectores *entonces*, *o sea que* y *así (es) que*: *Mañana es fiesta, **así (es) que** no tengo que ir a trabajar.*

### 3.14.2.10. Oraciones subordinadas comparativas

Expresan el segundo término de una comparación que se inicia en la oración principal: *No viajo **tanto como** me gustaría.*

Las oraciones comparativas se caracterizan por poseer dos términos intensivos en correlación: *más que*, *mejor que*, *igual que*, *tanto como*, etc.

| PRIMER TÉRMINO DE LA COMPARACIÓN | SEGUNDO TÉRMINO DE LA COMPARACIÓN |
| --- | --- |
| Suele ser un adverbio de cantidad (*más, menos, igual, tanto*) o un adjetivo comparativo (*mejor, peor, mayor, menor*) y se sitúa en la oración principal. | Suele ser una conjunción subordinante (*que* o *como*) y encabeza la oración subordinada. |
| *Isabel habla inglés **mejor**...* | *... **que** yo.* |
| *Pascual estudia **más**...* | *... **que** Javier.* |
| *En las ciudades pequeñas no hay **tanta** vida...* | *... **como** en las grandes.* |

Cuando las oraciones principal y subordinada expresan la misma noción verbal, el verbo de la subordinada generalmente se omite: *Tu hermano es peor que tú (eres).*

### 3.14.2.10.1. Clases de oraciones comparativas

Según la relación que existe entre los dos grados que se están comparando, pueden establecerse dos tipos de construcciones comparativas:

| | | | |
| --- | --- | --- | --- |
| **COMPARATIVAS DE IGUALDAD** | tan/tanto... como<br>igual de... que<br>artículo + *mismo/a/os/as*... que | | *Tu primo es **tan** alto **como** tú.*<br>*Es **igual de** alto **que** tú.*<br>*Pascual tiene **los mismos** años que Javier.* |
| **COMPARATIVAS DE DESIGUALDAD** | **De superioridad** | *más*... *que* | *Pascual estudia **más que** Javier.* |
| | **De inferioridad** | *menos*... *que* | *Adolfo tiene **menos** amigos **que** Miguel.* |

# 4. COMUNICACIÓN

## 4.1. Acciones habituales

| PEDIR Y DAR INFORMACIÓN SOBRE ACCIONES HABITUALES EN EL PRESENTE | |
|---|---|
| Presente + expresión de frecuencia<br>*Soler* + infinitivo | ◆ *¿Qué haces habitualmente\*?*<br>◆ *Normalmente\* me levanto pronto y suelo ir al gimnasio.* |

La posición de estos adverbios en español es muy flexible: pueden ir al principio, en medio o al final de la oración: *¿Normalmente qué haces por la mañana?, ¿Qué haces normalmente por la mañana?, ¿Qué haces por la mañana normalmente?*

| PEDIR Y DAR INFORMACIÓN SOBRE ACCIONES HABITUALES EN EL PASADO | |
|---|---|
| Pretérito imperfecto<br>*Soler* + infinitivo | ◆ *¿Qué hacían tus padres cuando tenían tu edad?*<br>◆ *Solían ir casi todos los días al cine.* |

## 4.2. Acciones pasadas

| PREGUNTAR Y RESPONDER SOBRE ACCIONES PASADAS RELACIONADAS CON EL PRESENTE | |
|---|---|
| Pretérito perfecto + *hoy/esta mañana/esta tarde/esta noche/este fin de semana/esta semana/este mes/este verano…* | ◆ *¿Qué has hecho hoy?*<br>◆ *Esta mañana he ido de compras.* |

| PREGUNTAR Y RESPONDER SOBRE EXPERIENCIAS PASADAS SIN DETERMINAR EL TIEMPO | |
|---|---|
| Pretérito perfecto + *alguna vez/muchas veces/varias veces/dos veces/alguna vez/una vez/nunca\*/ya/todavía no…* | ◆ *¿Has comido alguna vez paella?*<br>◆ *No, todavía no la he probado.* |

\* Si *nunca* va detrás del verbo, es necesaria la negación *no*: *No he estado nunca en Japón.*

| PEDIR Y DAR INFORMACIÓN SOBRE HECHOS, ACONTECIMIENTOS Y ACCIONES PUNTUALES PASADAS | |
|---|---|
| Pretérito indefinido + *en 2006/el 11 de julio de 2005/desde 2002 hasta 2005/hace dos años/a los 19 años/ayer/antes de ayer/la semana pasada/el año pasado…* | ◆ *¿Dónde y cuándo naciste?*<br>◆ *Nací en Dublín en 1980.* |

## 4.3. Acciones futuras

| HABLAR DE ACCIONES FUTURAS | |
|---|---|
| Futuro<br>*Ir a* + infinitivo<br>Presente | ◆ *El próximo sábado iremos a Segovia.*<br>◆ *Esta tarde voy a ver a Gema.*<br>◆ *Esta tarde termino el trabajo.* |

## 4.4. Asegurar la comunicación

| PREGUNTAR EL SIGNIFICADO DE UNA PALABRA | |
|---|---|
| *¿Qué significa* + palabra*?* | ◆ *¿Qué significa* corcho*?* |

| PREGUNTAR CÓMO SE DICE ALGO O CÓMO SE LLAMA ALGO EN ESPAÑOL | |
|---|---|
| *¿Cómo se llama* + esto/eso/aquello + *en español?*<br>*¿Cómo se dice* + palabra en otro idioma + *en español?* | ◆ *¿Cómo se llama esto en español?*<br>◆ *¿Cómo se dice* pencil *en español?* |

| PREGUNTAR CÓMO SE ESCRIBE UNA PALABRA | |
|---|---|
| *¿Cómo se escribe* + palabra + *en español?* | ◆ *¿Cómo se escribe* pencil *en español?* |

| LLAMAR LA ATENCIÓN DEL INTERLOCUTOR | |
|---|---|
| *Perdona/Perdone,…*<br>*Por favor,…* | ◆ *Perdona, eres María, la amiga de Marta, ¿verdad?*<br>◆ *Por favor, ¿puede repetir el número?* |

| PEDIR A ALGUIEN QUE HABLE MÁS ALTO O MÁS DESPACIO | |
|---|---|
| *¿Puedes/Puede…?* | ◆ *¿Puedes hablar más alto, por favor?*<br>◆ *¿Puede hablar más despacio, por favor?* |

| REPETIR LO DICHO CUANDO EL INTERLOCUTOR NO HA COMPRENDIDO | | |
|---|---|---|
| Pedir que se repita lo dicho | *¿Puedes/Puede…?* | ◆ *¿Puedes repetirlo, por favor?*<br>◆ *Perdone, ¿puede repetirlo, por favor?*<br>◆ *Perdona, ¿cómo has dicho?* |
| Repetir lo dicho | *Que…** | ◆ *(Te/Le he dicho) Que soy de Brasil.* |

* *Que* se emplea para empezar la repetición; equivale a *He dicho que…*.

| VERIFICAR QUE SE HA ENTENDIDO UN DATO | |
|---|---|
| *…, ¿no?*<br>*…, ¿verdad?* | ◆ *Has dicho que eres brasileño, ¿no?*<br>◆ *Aquel cuadro te lo compraste en Barcelona, ¿verdad?* |

| PEDIR CONFIRMACIÓN PARA VERIFICAR QUE SE HA ENTENDIDO TODO CORRECTAMENTE | |
|---|---|
| Pedir confirmación | ◆ *Perdona, ¿has dicho que nació en 1936?*<br>◆ *Ha dicho que nació en 1936, ¿verdad?* |
| Confirmar | ◆ *Sí, el 19 de agosto.* |
| Corregir | ◆ *No, nació en 1937.* |

| PEDIR QUE DELETREEN UNA PALABRA | |
| --- | --- |
| *¿Puedes/Puede...?* | ◆ *¿Puedes deletrear tu nombre, por favor?* |

# 1.5. Ayudar

| PEDIR AYUDA Y REACCIONAR | | |
| --- | --- | --- |
| Pedir ayuda | *¿Puedes/Puede...?* | ◆ *¿Puedes ayudarme, por favor?* |
| Conceder ayuda | | ◆ *Sí, claro.*<br>◆ *Por supuesto.*<br>◆ *Ahora mismo.* |
| Agradecer la ayuda | | ◆ *Muchas gracias.* |
| Negarla y justificarse | *Es que...* | ◆ *Lo siento, no puedo, es que tengo mucha prisa.* |
| Aceptar las disculpas | | ◆ *No pasa nada.*<br>◆ *No tiene importancia.* |

| OFRECER AYUDA | |
| --- | --- |
| Ofrecer ayuda | ◆ *¿Puedo ayudarte?*<br>◆ *¿En qué puedo ayudarle?* |
| Aceptar la ayuda | ◆ *Sí, por favor.*<br>◆ *Vale.*<br>◆ *Bueno.* |
| Rechazarla y justificarse | ◆ *No, no hace falta.*<br>◆ *No, ya puedo yo solo.* |

# 1.6. Avisar a alguien

| ADVERTIR A ALGUIEN DE UN PELIGRO | |
| --- | --- |
| *Cuidado con...* | ◆ *Cuidado con el suelo, está mojado.* |

# 1.7. Certeza o duda

| PREGUNTAR POR LA CERTEZA DE UNA INFORMACIÓN | |
| --- | --- |
| *¿Estás (completamente) seguro de que...?* | ◆ *¿Estás (completamente) seguro de que es a las ocho?* |

| RESPONDER A UNA PREGUNTA INDICANDO SEGURIDAD O DUDA | |
| --- | --- |
| Seguridad | ◆ *Sé que empieza a las ocho.*<br>◆ *Estoy (completamente) seguro.* |
| Duda | ◆ *Estoy casi seguro de que es a las ocho.*<br>◆ *No estoy (muy) seguro.* |

## 4.8. Consejos

| PEDIR Y DAR CONSEJOS | | |
|---|---|---|
| Pedir consejos | | ◆ ¿Qué hago? <br> ◆ ¿Tú que harías? <br> ◆ Mi salón es muy pequeño. ¿Cuál es la mejor forma de decorarlo? <br> ◆ ¿Qué puedo poner en las paredes del pasillo? |
| Consejos personales | Imperativo <br> Deber + infinitivo <br> Tener que + infinitivo <br> Pronombre + aconsejo/recomiendo + infinitivo <br> Pronombre + aconsejo/recomiendo + que + presente de subjuntivo <br> ¿Por qué no…? <br> Ser + bueno/conveniente/impres-cindible/aconsejable/im-portante… + que + presente de subjuntivo <br> Lo mejor es que + presente de subjuntivo <br> Intentar + infinitivo <br> Yo que tú/Yo, en tu lugar, … | ◆ Cómprate uno nuevo. <br> ◆ Deberías arreglar el ordenador. <br> ◆ Tendrías que cerrar todos los cajones con llave. <br><br> ◆ Te aconsejo colocar espejos en las paredes. <br><br><br> ◆ Te recomiendo que hagas más ejercicio. <br><br><br> ◆ ¿Por qué no pones unos cuadros? <br> ◆ Es bueno que haga ejercicio y duerma bien. <br><br><br><br> ◆ Lo mejor es que te vacunes. <br><br> ◆ Intenta dejar de fumar. <br> ◆ Yo que tú, cerraría el armario con llave. |
| Consejos impersonales | Hay que + infinitivo <br> Lo mejor es + infinitivo | ◆ Hay que beber dos litros de agua al día. <br> ◆ Lo mejor es hacer deporte. |

## 4.9. Dar ánimos

| DAR ÁNIMOS Y TRANQUILIZAR |
|---|
| ◆ ¡Venga, ánimo! <br> ◆ No pasa nada. |

## 4.10. Datos personales: pedir y dar datos personales

| EL NOMBRE Y EL APELLIDO | |
|---|---|
| Nombre | ◆ ¿Cómo te llamas? <br> ◆ María Fernández Ramírez. |
| Apellido | ◆ ¿Cómo se apellida usted? <br> ◆ Fernández Ramírez. |

| LA EDAD | |
|---|---|
| Tener + años | ◆ ¿Cuántos años tienes?<br>◆ (Tengo) 23 (años). |

| LA FECHA DE NACIMIENTO Y LA DE CUMPLEAÑOS | |
|---|---|
| Nacimiento | ◆ ¿Cuál es tu fecha de nacimiento?<br>◆ ¿Qué día naciste?<br>◆ ¿Cuándo naciste?<br>◆ El 10 de julio de 1972. |
| Cumpleaños | ◆ ¿Cuándo es su cumpleaños?<br>◆ ¿Qué día es tu cumpleaños?<br>◆ El 30 de mayo. |

| LA NACIONALIDAD | |
|---|---|
| Ser + nacionalidad | ◆ ¿De dónde eres?<br>◆ (Yo) Soy portugués. |

| EL ESTADO CIVIL | |
|---|---|
| Estar + estado civil | ◆ ¿Estás casado?<br>◆ No, estoy separado. |

| LA PROFESIÓN | |
|---|---|
| Ser + profesión | ◆ ¿A qué te dedicas?<br>◆ Soy arquitecta. |
| Trabajo de/como + profesión | ◆ Trabajo como agente comercial en una empresa de Osaka. |
| Estar + situación laboral | ◆ ¿Qué haces?<br>◆ Estoy en paro. |

| LA RESIDENCIA |
|---|
| ◆ ¿Dónde vives?<br>◆ En Salamanca, en la calle Cervantes, n.º 29, 4.º B. |

| EL NÚMERO DE TELÉFONO | |
|---|---|
| ¿Cuál es + posesivo + (número de) teléfono (+ fijo/móvil)? | ◆ ¿Cuál es tu número de teléfono?<br>◆ Es el 91 546 78 43. |

| LA DIRECCIÓN DE CORREO ELECTRÓNICO | |
|---|---|
| ¿Cuál es + posesivo + dirección de correo electrónico? | ◆ ¿Cuál es su dirección de correo electrónico?<br>◆ berta_j@madrid.es. |

# 4.11. Describir

| DESCRIBIR A UNA PERSONA | | |
|---|---|---|
| Físico | Ser + adjetivo<br>Estar + sustantivo<br>Tener + sustantivo<br>Llevar + sustantivo | ◆ Es alto/bajo/guapo...<br>◆ Es/Está delgado/gordo/ calvo...*<br>◆ Tiene los ojos negros/azules/grandes...<br>◆ Tiene/Lleva el pelo largo/liso/rizado...<br>◆ Tiene la piel clara/oscura...<br>◆ Tiene/Lleva barba... |
| Carácter | Ser + adjetivo | ◆ ¿Cómo es Sandra?<br>◆ Es muy alegre. |

* Cuando utilizamos estos adjetivos con el verbo *ser*, la característica se considera como propia de la persona, mientras que con *estar*, la consideramos el resultado de un cambio.

| DESCRIBIR LAS CARACTERÍSTICAS DE UNA VIVIENDA | |
|---|---|
| Ser + (adverbio) + adjetivo<br>Estar + localización<br>Estar + (adverbio) + adjetivo<br>Tener + sustantivo | ◆ Es un piso muy soleado.<br>◆ Está en el centro de la ciudad.<br>◆ Está completamente amueblado.<br>◆ Tiene plaza de garaje. |

| DEFINIR, DESCRIBIR Y HABLAR DE LA UTILIDAD DE LOS MUEBLES Y OBJETOS | | |
|---|---|---|
| Definir | Ser una cosa/un objeto/un mueble (en/con... + el/la/los/las) que... | ◆ Es una cosa que está en el baño.<br>◆ El armario es un mueble en el que guardamos la ropa. |
| Describir | Ser + descripción | ◆ Es redondo, duro y de cristal. |
| Hablar de la utilidad | Sirve/Se usa para + infinitivo | ◆ Se usa para peinarse.<br>◆ El abrelatas sirve para abrir un bote, una lata... |

# 4.12. Deseos

| EXPRESAR DESEOS | |
|---|---|
| ¡Ojalá...! | ◆ ¡Ojalá no sea nada grave! |

| FORMULAR BUENOS DESEOS | |
|---|---|
| ¡Que...! | ◆ ¡Que te mejores! |

## 4.13. Direcciones

| PEDIR Y DAR INSTRUCCIONES PARA IR A UN LUGAR | | |
|---|---|---|
| Preguntar por un lugar | *¿Sabes/Sabe…?* | ◆ *Perdone, ¿sabe usted dónde está la calle Almirante?* |
| Dar instrucciones | Imperativo | ◆ *Siga/Sigue todo recto y gire/gira la segunda a la izquierda.* |

## 4.14. Expresar el estado de ánimo

| PREGUNTAR Y EXPRESAR EL ESTADO DE ÁNIMO | |
|---|---|
| *Estar* + adjetivo | ◆ *Mercedes, ¿cómo estás?*<br>◆ *Estoy muy contenta porque he aprobado el curso.* |

| DECIR CÓMO CREEMOS QUE SE SIENTE ALGUIEN | |
|---|---|
| *Parecer/Ver/Notar* + adjetivo | ◆ *Pareces cansada.*<br>◆ *Te noto preocupado.* |

## 4.15. Expresar esperanza

| EXPRESAR ESPERANZA | |
|---|---|
| *Esperar* + infinitivo | ◆ *Espero pasarlo muy bien.* |
| *Esperar* + *que* + presente de subjuntivo | ◆ *Espero que lo pasemos muy bien.* |

## 4.16. Expresar finalidad

| EXPRESAR FINALIDAD | |
|---|---|
| *Para* + infinitivo | ◆ *No debemos poner mucho el aire acondicionado para ahorrar energía.* |
| *Para que* + presente de subjuntivo | ◆ *Debemos cuidar el medio ambiente para que nuestros hijos disfruten de un mundo mejor.* |

## 4.17. Gustos, intereses, deseos y preferencias

| PREGUNTAR POR GUSTOS, DESEOS O PREFERENCIAS | |
|---|---|
| *¿Qué/Dónde… + pronombre + apetece/apetecería/gustaría* + infinitivo? | ◆ *¿Qué te apetecería hacer esta noche?*<br>◆ *¿Dónde te gustaría ir mañana?* |
| *¿Quieres/Prefieres/Te parece bien/Te apetece + que* + presente de subjuntivo? | ◆ *¿Quieres que vayamos en tren?* |
| *¿Te parece bien lo de* + infinitivo? | ◆ *¿Te parece bien lo de ir a Cuba?* |

| EXPRESAR DESEOS O PREFERENCIAS | |
|---|---|
| Pronombre + *apetece/gustaría/encantaría/apetecería* + infinitivo | ◆ *Me apetece ir al cine.*<br>◆ *Me encantaría ir de excursión.* |
| Pronombre + *gusta/encanta/apetece* + infinitivo | ◆ *(No) Me gusta que hagamos fiestas.* |
| *Tener ganas de* + infinitivo | ◆ *Tengo ganas de ir a la piscina.* |
| *Tener ganas de que* + presente de subjuntivo | ◆ *Tengo ganas de que terminen las vacaciones.* |
| Pronombre + *apetecer* + *que* + presente de subjuntivo | ◆ *(No) Me apetece que vayamos de vacaciones a la playa.* |
| *Quiero/Prefiero/Me parece mejor* + *que* + presente de subjuntivo | ◆ *Prefiero que vayamos solo tres días.* |

| EXPRESAR GUSTOS E INTERESES | |
|---|---|
| Pronombre + *gusta/interesa/aburre* (*mucho/bastante*…) + sustantivo singular/infinitivo | ◆ *Me gusta mucho leer periódicos y libros actuales.*<br>◆ *A mí me interesa mucho la literatura francesa.*<br>◆ *Me aburre hacer ejercicios de gramática.* |
| Pronombre + *gustan/interesan/aburren* (*mucho/bastante*…) + sustantivo plural | ◆ *Me interesan mucho sus costumbres, su manera de vivir.* |

## 4.18. Habilidades

| PREGUNTAR Y DAR INFORMACIÓN SOBRE LAS HABILIDADES DE UNA PERSONA | |
|---|---|
| *Poder* + infinitivo | ◆ *Antes podía hablar alemán con fluidez.* |
| *Ser capaz de* + infinitivo | ◆ *Cuando era más joven era capaz de conducir por la noche sin cansarme.* |

## 4.19. Informaciones

| EXPRESAR CONOCIMIENTO O DESCONOCIMIENTO | |
|---|---|
| *Sí*… | ◆ *¿Conoces Chile?*<br>◆ *Sí, estuve el año pasado.* |
| *No, no lo sé.* | ◆ *¿Sabes cuál es la capital de Chile?*<br>◆ *No, no lo sé.* |

| PEDIR INFORMACIÓN SOBRE ESPECTÁCULOS O EVENTOS | |
|---|---|
| *¿Sabes* + *qué/dónde/cuándo/a qué hora/quién/cuánto/cómo*…? | ◆ *¿Sabes qué ponen hoy en la tele?*<br>◆ *¿Sabes a qué hora empieza la película?* |

| TRANSMITIR INFORMACIÓN | |
|---|---|
| Dice/Ha dicho + que + presente de indicativo | ◆ Ha dicho que no podemos despegar por la tormenta. |
| Dijo + que + pretérito imperfecto | ◆ Dijo que el hotel era estupendo. |

| TRANSMITIR UNA PREGUNTA | |
|---|---|
| Me pregunta/ha preguntado/preguntó + si... | ◆ Me preguntó si me gustaban las vistas desde mi habitación. |
| Me pregunta/ha preguntado/preguntó (+ que) + cuándo/cómo/quién/qué... | ◆ Me preguntó (que) cuándo tenía previsto dejar el hotel. |

## .20. Instrucciones

| DAR INSTRUCCIONES | |
|---|---|
| Imperativo | ◆ Lea con atención estas instrucciones de uso. |

## .21. Involuntariedad

| EXPRESAR INVOLUNTARIEDAD | |
|---|---|
| Se + me/te/le/nos/os/les + verbo | ◆ Se me ha estropeado el secador. |

## .22. Narrar

| CONTAR UNA ANÉCDOTA | |
|---|---|
| Para empezar | ◆ Pues resulta que...<br>◆ Bueno, pues...<br>◆ ¿Sabes...? |
| Para enumerar | ◆ Primero... Luego/Después... |
| Para aclarar | ◆ Es decir,...<br>◆ Quiero decir que...<br>◆ O sea que... |

## .23. Obligación

| EXPRESAR OBLIGACIÓN | |
|---|---|
| Tener que + infinitivo | ◆ Tenemos que pagar 400 € de fianza. |
| Hay que + infinitivo | ◆ Hay que pagar los gastos de comunidad. |
| Deber + infinitivo | ◆ El inquilino debe pagar las reparaciones. |

# 4.24. Opinar

| OPINAR | |
|---|---|
| Creer/pensar/opinar + que... | ◆ Yo creo que los españoles son muy trabajadores. |
| Pronombre + parece + que... | ◆ A mí me parece que está bien. |
| En mi opinión/Para mí,... | ◆ En mi opinión, los prejuicios se adquieren principalmente en la familia. |
| (No) Me parece bien/mal/importante... + que... | ◆ Me parece bien que recicles el papel. |

| PEDIR A ALGUIEN SU OPINIÓN | |
|---|---|
| ¿Qué piensas/opinas tú de...? | ◆ ¿Qué opinas tú de celebrar el Día Mundial del Medio Ambiente? |
| ¿Qué te parece lo de...? | ◆ ¿Qué te parece lo del Día Mundial del Medio Ambiente? |

| EXPRESAR ACUERDO Y DESACUERDO | |
|---|---|
| Acuerdo | ◆ Estoy (totalmente/completamente) de acuerdo contigo/con eso/con lo de que los españoles no somos puntuales. |
| Desacuerdo | ◆ No estoy (totalmente/completamente) de acuerdo contigo/con eso/con lo de que los españoles no somos puntuales. |

| PRESENTAR A OTRA PERSONA Y REACCIONAR | | |
|---|---|---|
| Formal | Presentar a alguien | ◆ Señora González, le presento al señor Armero, el nuevo director comercial. La señora González es la directora de comunicación. |
| | Reaccionar | ◆ Encantado de conocerla. ◆ Mucho gusto. |
| Informal | Presentar a alguien | ◆ Tino, Begoña. Begoña, Tino. |
| | Reaccionar | ◆ Encantada de conocerte. ◆ Igualmente. |

# .25. Peticiones

| PEDIR (ALGO, UN SERVICIO, UNA INFORMACIÓN) CORTÉSMENTE Y RESPONDER | | |
|---|---|---|
| Pedir algo, un servicio, una información | *¿Podría* + infinitivo? <br><br> *¿Sería tan amable de* + infinitivo? <br> *¿Le importaría* + infinitivo? | ◆ *¿Podría informarnos acerca de la vivienda que se vende en la calle Santa Ana?* <br> ◆ *¿Sería tan amable de echarle un vistazo a nuestro catálogo?* <br> ◆ *¿Le importaría venir esta tarde a las seis?* |
| Responder a una petición | | ◆ *Sí, sí, claro.* <br> ◆ *Ahora mismo.* <br> ◆ *Sí, claro, ¡cómo no!* <br> ◆ *Sí, sí, enseguida.* |

| PEDIR PERMISO Y CONCEDERLO O NEGARLO Y JUSTIFICARSE | | |
|---|---|---|
| Pedir permiso | *¿Le/Te importa si…?* <br> *¿Puedo…?* | ◆ *¿Te importa si abro la ventana?* <br> ◆ *¿Puedo pasar?* |
| Concederlo | Imperativo | ◆ *Sí, claro. Ábrela, ábrela.* |
| Negarlo y justificarse | *Es que…* | ◆ *No, lo siento, es que tengo frío.* |

# .26. Planes y objetivos

| EXPRESAR OBJETIVOS | |
|---|---|
| *Ir a/Pensar/Querer* + infinitivo | ◆ *Voy a trabajar la expresión escrita.* <br> ◆ *Pienso practicar más la entonación.* |

| HABLAR DE PLANES E INTENCIONES | | |
|---|---|---|
| Seguros | Presente | ◆ *Voy a un concierto con mis amigos.* |
| | *Ir a* + infinitivo | ◆ *Voy a ir a un concierto con mis amigos.* |
| | Futuro | ◆ *Iré a un concierto con mis amigos.* |
| Poco seguros | *Querer/Pensar/Tener intención de* + infinitivo | ◆ *Quiero quedarme en casa estudiando.* |

# .27. Presentaciones

| PRESENTARSE Y REACCIONAR | |
|---|---|
| Presentarse | ◆ *¡Hola! Soy George. ¿Y tú, cómo te llamas?* |
| Reaccionar | ◆ *¡Hola! Yo soy Mario\*. Me alegro de conocerte.* |

En una presentación informal, lo más habitual es decir solo el nombre, sin los apellidos.

# 4.28. Probabilidad

| EXPRESAR GRADOS DE PROBABILIDAD | |
|---|---|
| Seguramente/Quizá(s)/Tal vez/Probablemente/Posiblemente + indicativo/subjuntivo | ◆ Seguramente es/sea por la tarde.<br>◆ Tal vez quieres/quieras acompañarme.<br>◆ Quizá(s) viene/venga mañana. |
| A lo mejor + indicativo | ◆ A lo mejor viene mañana, no sé. |

# 4.29. Quedar

| PROPONER UNA ACTIVIDAD | |
|---|---|
| Presente<br>Ir a + infinitivo<br>Apetecer + infinitivo<br>¿Qué tal si...?<br>¿Por qué no...?<br>¿Qué te parece si...?<br>¿Y si...?<br>Poder + infinitivo<br>Imperativo | ◆ ¿Cenamos juntos esta noche?<br>◆ ¿Vamos a cenar fuera esta noche?<br>◆ ¿Te apetece salir a cenar esta noche?<br>◆ ¿Qué tal si salimos esta noche?<br>◆ ¿Por qué no llamamos a Juan?<br>◆ ¿Qué te parece si vamos al cine?<br>◆ ¿Y si nos quedamos en casa hoy?<br>◆ Podríamos ir al concierto de Maná.<br>◆ Ven a tomar algo con nosotros. |

| ACEPTAR UNA INVITACIÓN O UNA PROPUESTA | | |
|---|---|---|
| Aceptar | Con entusiasmo | ◆ Vale, de acuerdo.<br>◆ ¡Qué bien!<br>◆ ¡Qué buena idea!<br>◆ ¡Estupendo!<br>◆ ¡De acuerdo!<br>◆ ¡Muy bien!<br>◆ Por supuesto. |
| | Con indiferencia | ◆ No sé...<br>◆ Bueno...<br>◆ Me da igual. |
| | Con duda o indecisión | ◆ No sé si podré ir.<br>◆ No estoy seguro/a de si tendré tiempo. |

| QUEDAR | |
|---|---|
| Quedar | ◆ ¿Cómo quedamos?<br>◆ ¿Cuándo quedamos?<br>◆ ¿Qué día quedamos?<br>◆ ¿A qué hora quedamos?<br>◆ ¿Dónde quedamos? |

| RECHAZAR UNA PROPUESTA | | |
|---|---|---|
| Rechazar la propuesta y justificarse | *Es que…* | ◆ *Lo siento, no puedo, es que tengo que estudiar.* <br> ◆ *Bueno, es que tengo otra fiesta de cumpleaños.* <br> ◆ *Eres muy amable, pero el próximo sábado estoy de viaje.* |
| Proponer una alternativa | *¿Y si…?* <br> *¿Por qué no…?* | ◆ *¿Y si quedamos mañana?* <br> ◆ *¿Por qué no quedamos mañana?* |

| REACCIONAR AL RECHAZO | |
|---|---|
| Reaccionar al rechazo | ◆ *¡Qué lástima!* <br> ◆ *¡Qué pena!* <br> ◆ *¡Vaya!* |

| SITUAR ACONTECIMIENTOS EN EL ESPACIO Y EN EL TIEMPO | |
|---|---|
| *Ser* + lugar/expresión de tiempo | ◆ *La reunión es en la sala de profesores.* <br> ◆ *El ciclo de cine será el jueves a las siete.* |

# .30. Quejarse

| QUEJARSE | |
|---|---|
| *No me parece bien/Me parece fatal/Es una pena/No está bien* + *que* + presente de subjuntivo | ◆ *No me parece bien que no haya televisión en la habitación.* |

# .31. Reaccionar

| REACCIONAR ANTE UN RELATO | |
|---|---|
| ◆ *¿Ah, sí?/¿De verdad?/¿En serio?* <br> ◆ *¡Qué interesante!* <br> ◆ *Ya lo sabía.* <br> ◆ *¡Qué sorpresa/casualidad!* <br> ◆ *¡Qué susto!* <br> ◆ *¡Qué bien/mal!* <br> ◆ *¡Qué horror!* | ◆ *Pues no tenía ni idea.* <br> ◆ *Pues yo creía/pensaba que…* <br> ◆ *¡Qué me dices!/¡No me digas?* <br> ◆ *¡Vaya (hombre/mujer)!* <br> ◆ *¡Qué (mala) suerte!* <br> ◆ *Lo siento (mucho).* <br> ◆ *¡Qué pena/lástima!* |

| ANIMAR A CONTINUAR UN RELATO |
|---|
| ◆ *Sigue/continúa, por favor.* <br> ◆ *¿Y qué pasó (después)?* <br> ◆ *¿Y qué más?* |

## 4.32. Salud

| PREGUNTAR POR EL ESTADO DE SALUD |
|---|
| ◆ ¿Qué le pasa?<br>◆ ¿Cómo se encuentra?<br>◆ ¿Qué tal se encuentra? |

| DESCRIBIR EL ESTADO FÍSICO Y ANÍMICO | |
|---|---|
| Encontrarse/sentirse + adverbio<br>Encontrarse + adjetivo/adverbio<br>Pronombre + *duele* + sustantivo singular<br>Pronombre + *duelen* + sustantivo plural<br>Tener dolor de + parte del cuerpo<br>Tener + sustantivo<br>Estar + adjetivo | ◆ No me siento muy bien.<br>◆ Me encuentro mareado.<br>◆ Me duele la cabeza*.<br>◆ Me duelen las muelas*.<br>◆ Tengo dolor de estómago.<br>◆ Tengo fiebre.<br>◆ Estoy agotado. |

\* En este tipo de oraciones, se usa el artículo: *la cabeza, el pie*, etc., y no el posesivo, precediendo a la parte del cuerpo. El pronombre personal átono (*me, te, le, nos, os, les*) hace referencia a la persona o personas que sufren el dolor.

## 4.33. Sensaciones o sentimientos

| EXPRESAR INQUIETUD Y NERVIOS | |
|---|---|
| Pronombre + *poner nervioso/a* + infinitivo | ◆ Me pone muy nervioso hablar en público. |
| Pronombre + *dar miedo* + infinitivo | ◆ Me da miedo cometer errores. |

| EXPRESAR ALIVIO | |
|---|---|
| ¡Menos mal...! | ◆ ¡Menos mal que me has avisado! |

| EXPRESAR MIEDO O TEMOR | |
|---|---|
| Pronombre + *da miedo* + infinitivo/sustantivo singular | ◆ Me da miedo perder el avión. |
| Pronombre + *da miedo* + que + presente de subjuntivo | ◆ Me da miedo que no haya billete. |
| Pronombre + *dan miedo* + sustantivo plural | ◆ Me dan miedo los aviones. |
| Tener miedo de + infinitivo | ◆ Tengo miedo de volar. |
| Tener miedo de + que + presente de subjuntivo | ◆ Tengo miedo de que no lleguen las maletas. |

# 34. Teléfono

| HABLAR POR TELÉFONO | | |
|---|---|---|
| Responder a una llamada de teléfono | | ◆ *¿Sí?*<br>◆ *¿Dígame?*<br>◆ *¿Diga?*<br>◆ *Viajes Horizonte, ¿dígame?*<br>◆ *Cristalería López, buenos días.* |
| Preguntar por alguien formalmente | | ◆ *¿Está el señor Rodríguez?*<br>◆ *¿Podría hablar con Luisa Navarro, por favor?* |
| Responder afirmativamente | si es uno mismo | ◆ *Sí, soy yo\*.* |
| | si es otra persona | ◆ *Un momento. Ahora se pone.*<br>◆ *Un momento, por favor, le paso.*<br>◆ *Enseguida se pone.* |
| Responder negativamente | si se ha equivocado | ◆ *Creo que se ha equivocado.* |
| | si no está esa persona | ◆ *Ahora no está en casa. ¿Quiere dejar un recado?* |
| | sí está, pero no puede hablar | ◆ *Ahora no se puede poner.*<br>◆ *Lo siento, en este momento no se puede poner.* |
| Responder preguntando por su identidad | | ◆ *¿De parte de quién?*<br>◆ *¿Quién lo/la llama?* |
| Identificarse | | ◆ *De Roberto.*<br>◆ *Soy Juan Pedraza.* |
| Disculparse si uno se ha equivocado | | ◆ *Perdone, lo siento, me he equivocado.* |
| Pedir información formalmente por teléfono | | ◆ *Mire, quería información sobre el apartamento en alquiler.*<br>◆ *¿Puede usted decirme el precio?* |
| Dejar un recado | | ◆ *¿Podría dejarle un recado?* |
| Despedir una llamada | | ◆ *Muy amable, gracias.*<br>◆ *Adiós, buenos días.* |

este caso, se pone primero el verbo, y después, el pronombre.

# 35. Valorar

| VALORAR | |
|---|---|
| *¡Qué* + adverbio! | ◆ *¡Qué bien hablas español, Peter!* |
| *Ser* + adjetivo | ◆ *Son preciosas.* |
| *Lo que más/menos me gusta es/son...* | ◆ *Lo que más me gusta es el salón.* |